逆境の美学
新井カープ〝まさか〟の日本一へ!

迫 勝則

南々社

逆境の美学――新井カープ〝まさか〟の日本一へ！

プロローグ

いまカープファンの目の前で、かつて思いもよらなかったシーンが展開している。ベンチのなかで「背番号25」が、まるで以前から定められていたように指揮を執っている。これはもう幻ではなく、現実の光景である。

彼は、ベンチのなかでプレーする選手の微妙な動き、表情を食い入るように見ている。そのため、ときに球審に代打を告げることを忘れ、となりにいるヘッドコーチに促されるようなこともあった。

この男には、どこか人を惹きつけるような〝魔力〟がある。飾り気のない人柄で周囲を包み込んでしまう一方で、真一文字に突き進む、かすかな危うさもある。そのせいで、未来の筋書きが描きにくい。

その男は、戦後、目覚ましい復興を遂げた広島の街で生まれ育ち、子どもの頃からカープの選手になることを夢見ていた。そして、いまでも心に描き続けるのは、「カープの日本一」である。

果たしてそれは、単なる夢に終わるのだろうか。それとも、幾度となく〝まさか〟を繰り返してきた男の正夢になるのだろうか。その行方を探ってみるとき、かつて英国の首相を務め、その著書でノーベル文学賞を受けたW・チャーチルの言葉が参考になる。

「過去をより遠くまで振り返ることができれば、未来をより遠くまで見渡すことができる」

その過去の話からはじめよう。

いまから遡ること2005年1月。私は、地元の出版社・南々社から『広島にカープはいらないのか』という単行本を上梓した。

この本に付した副題は「カープ主砲論を語る」だった。この〝主砲〟というのは、03年に若くしてカープの4番に座りながら、前年に比べ、まるで別人のように打てなくなった新井貴浩のことを指す。

この本を書くために、私は、本人へのインタビューを申し入れた。それは04年2月、日南キャンプ最中のことだった。球団の了承は得られ、あとは本人からの返事（日時）を待つだけだった。私は、日南でのホテルの仮手配を済ませ、手土産を用意し、身支度まで整えていた。しかし彼の返事は、全く想定外のものだった。

「いまは練習に没頭したいので……」

私は、やんわりと断られた。しかも彼は任意とはいえ、球団の指示を自分の刹那の思いだけで拒否してしまった。このとき私は、かすかに新井という男の本性を見た。

新井という男は、恐ろしく気持ちの芯が強い。そして思慮深く、他人のペースに乗ってこない。あのときの私の小さな認識は、やがてその後の物語の影になって、次第に顕在化していく。

実は、当時一番知りたかったのは、本人の野球観だった。その種の話をヒントにして、何かきっかけのようなものを掴んでくれたら…という一縷の期待もあった。

私は現に、その本の第8章で「新井はどうして打てなくなったのか？」という章タイトルを付けて、マジで愚考を巡らせてみた。

ところが年配の方ならご記憶だと思うが、その04年に、日本のプロ野球界にとてつもないニュースが流れはじめた。そして、カープは球団史上最大のピンチを迎えることになった。

この年、唐突に一部の球団オーナーによって「プロ野球は1リーグ制が望ましい」という発言が繰り返され、実際にそこに向かって、あらぬ段取りが進められたのである。

もしこのとき1リーグ制に移行していたならば、カープという球団の名は、本当に消滅していたかもしれない。

これは大変。もはや新井が打てないどころの話ではなくなった。かくしてこの本の題名は、急遽『広島にカープはいらないのか』に変更された。それにしてもあのとき、被爆地の復興シンボルである球団の名を無きものにしようとした人たちの浅はかさは、いまでも信じられない。

あれから18年の歳月が流れる。

カープというチームの劇的な変化もさることながら、新井の野球人生は、その後、まるで仕組まれたドラマのように波乱万丈なものになっていく。

〝まさか〟カープに入れるとは。〝まさか〟4番を打つとは。〝まさか〟阪神へ移籍するとは。〝まさか〟カープに戻れるとは。〝まさか〟2000安打を打つとは。〝まさか〟カープの監督になるとは。彼の〝まさか人生〟は延々と続いた。

こうした時々の激しい浮き沈みを振り返ってみると、まるで〝まさか号〟という名のジェットコースターに乗っているみたいな野球人生である。

いまたくさんのカープファンを乗せたジェットコースター〝まさか号〟は、これからいったいどこに向かっていくのだろうか。そしてそこには、どんなドラマが待っているのだろうか。

これから書く物語は、次々と波状的にやってくる浮き沈みと、〝まさか〟の爽快な逆転ドラマによって構成される。

考えてみると、実際にプロ野球の試合を観ていて、とりわけ愉快に感じるのは、応援しているチームが劣勢を跳ね返し〝逆転勝ち〟したときである。カープが強かったときには〝逆転のカープ〟とも呼ばれた。特に試合の終盤に〝もうダメか〟と思っていたら、予期せぬ選手が発奮し、試合をひっくり返したときなどには、面白さが倍増する。

それがなぜ、そんなに面白いのかというと、一つのゲームのなかに〝筋書きのないドラマ〟がいくつも絡んでくるからである。

そんなときは一日中、心がウキウキし、本当に生きていて良かったと思うことがある。この心地よさは、映画や小説などではとても味わえない。もちろん娯楽向けの映画・小説では、主人公が逆境を跳ね返し蘇っていくというのが、定番の物語になっている。

一つの試合のなかでもそうなのだから、これを長い人生に当てはめてみると、ある時期を境にして人生を逆転させるというのは、無上の喜びになる。言ってみれば、ジェットコースターの昇り下りの興奮みたいなものである。

セリーグ開幕の前日(3月30日)のことだった。神宮球場で記者団に向かって新井監督がこう言った。

「評論家の皆さまをはじめ、カープの前評判は非常に低い。いま〝やる気にさせてくれて、ありがとうございます〟っていう気持ちです。そういうチームが強いチームを倒して上がっていくというのは、ファンの皆さんも楽しみにしているところ」

そう、この状況こそが、これから描く「逆境の美学」の最良の舞台なのである。

果たして近々、カープの日本一はあるのだろうか。もしあるとすれば、そこにどういう道筋(ジェットコースターの軌道)が描かれるのだろうか。

新井が選手としてカープに入団してから24年。私が最初に彼について書きはじめてから18年。その間の驚き、落胆、喜び、葛藤のドラマから、カープ日本一奪還への道筋を探ってみたい。

その中心に、私が四半世紀にわたって観察し続けた、本当は太陽みたいに明るく、ちょっとお茶目な〝新井貴浩という男〟を据えて……。

目次

第一章　なぜ新井が監督なのか

２０２２年10月11日。地元新聞社から、自宅に電話が入った。

すでにカープＯＢの新井貴浩が、21代監督に就任することが発表され、翌12日に、その就任会見が行われることになっていた。電話口の記者がこう言う。

「明日の会見をテレビで視聴して頂けませんか。その上で、著者としてのコメントを頂戴できれば、13日の朝刊に掲載させて頂きます」

その記者が読んだという本は、私が16年に著していた『主砲論 なぜ新井を応援するのか』（徳間書店）だった。

もちろん著者として大変有難い話なので、これをお受けし、メモ用紙を片手に12日のＮＨＫナマ放送を視聴した。

アライの哲学

かすかな緊張と興奮があったせいか、いつもの新井とは違って見えた。ただ時間が経過するにつれ、軽いジョークの入った新井節が出てくるようになった。

そのときの主な一問一答である。まずオファーを受けたときの心境について。

――正直、驚いた。私は一度カープを出て、また戻って来いと言ってもらって、３連覇をさせてもらった。球団には大きな恩がある。私には（断る）選択肢はなかった。

理想の監督像を訊かれ。

――どの監督を目指して…というのはピンとこない。肩肘はらずにやっていくなかで、気付いたら、そういう監督になっていたというのがよい。

選手に自身と同じような猛練習を求めますか、に対し。

――質も量も追いかけていきたい。寝ていてはうまくならない。しっかり、たっぷり汗は流してもらいたい。

監督として目指すチーム像は。

――今季（22年）は走塁の面で寂しかった。打つ方、走る方の両方で相手にプレッシャーをかけられるようなチームにしたい。

そして会見の終盤に訊かれた自身の背番号について、新井節が出た。

――球団に15番を下さい、と言ったんですが……。

このジョークに会場が和んだ。もちろん、カープの永久欠番である黒田博樹の15番をつけることなどはありえない。

この時点で、すでに新井監督の「背番号25」は決まっていたはず（後述）なので、彼は予めこのジョークを仕込んでいたものと思われる。

この会見が終わってから、記者から電話が入り、感想（コメント）を求められた。

実は、会見のなかで彼は難しい質問になると、決まって「試合に勝つこと」と答えていた。ここに彼の哲学があったように思う。

話は逸れるが、そのとき私は、19年12月にアフガニスタンで凶弾に倒れた医師・中村哲さんの言葉を思い出していた。

「医師よ、信念はいらない。まず命を救え！」

つまり新井は理論で語るより、とにかく勝って、結果で示すことが潔いと考えている。そこが最も新井らしかったのである。

私の拙いコメントは、翌朝の新聞に掲載された。そして最後に私の言葉として、こう締め括られていた。

「常識にとらわれない戦い方をしてくれそう。ファンをワクワクさせてほしい」

確かにそう語ったし、いまでも強くそう思っている。ただその一方で、これからはじまる〝新井劇場〟というのは、人々が屈託なく語れるような、分かりやすく平坦なものではないような気もしていた。その頃はまだ、新井という男に宿る説明のつかない因果のようなものを感じていたからである。

佐々岡から新井へ

監督の交代には、必ず人々が知り得ないような深い理由がある。その理由には、チームの状況（成績）、時代の流れ、本人の性格など、さまざまな要素がモザイク模様のように絡み合っている。別表①をご覧頂きたい。時期を変えて、それぞれ2回経験した白石勝巳、森永勝也、山本浩二がいるため、新井は18人目ということになる。

表①　カープ歴代監督と在任期間

	監督名	在任期間
1	石本秀一	1950 ～ 53
2	白石勝巳	1953 ～ 60
3	門前真佐人	1961・62
4	白石勝巳	1963 ～ 65
5	長谷川良平	1965 ～ 67
6	根本陸夫	1968 ～ 72
7	森永勝也	1972
8	別当薫	1973
9	森永勝也	1974
10	G・ルーツ	1975
11	古葉竹識	1975 ～ 85
12	阿南準郎	1986 ～ 88
13	山本浩二	1989 ～ 93
14	三村敏之	1994 ～ 98
15	達川光男	1999・2000
16	山本浩二	2001 ～ 05
17	M・ブラウン	2006 ～ 09
18	野村謙二郎	2010 ～ 14
19	緒方孝市	2015 ～ 19
20	佐々岡真司	2020 ～ 22
21	新井貴浩	2023 ～

佐々岡真司から新井貴浩へ。もちろんこの交代にも、深い意味があった。まず二人の性格（タイプ）を考えてみよう。

佐々岡はもの静かな紳士で、周囲の人々に安心感を与える。一方の新井はどちらかというと、明るいエネルギーを発散し、周囲の人々に程良い緊張感を与える。それは当然、グラウンド内の空気を創る。

つまり二人の性格からは、際立った対比を感じさせるのだ。チームを変えるためには、まず性格の異なるリーダーを据えることから始めるのが近道である。

改めて佐々岡野球（特に3年目）を振り返ってみよう。彼の功績は、主に2つあったように思う。1つは森下暢仁の獲得、栗林良吏のクローザー起用に象徴されるように、投手の采配がプロフェッショナルだった。

そしてもう一つは、積極的な若手の起用にあった。それは特に3年目、開幕直後から不振だった小園海斗を使い続けたことに象徴された。

このため田中広輔や、2軍で好成績を出し続けていた安部友裕（22年に退団）が1軍に呼ばれることはなく、代わって羽月隆太郎や韮澤雄也などが多用された。長い目で見ると、これがチームの新陳代謝を促すきっかけになった。

一方で、ギモンに感じたこともある。3年目の佐々岡カープは開幕ダッシュに成功し、25勝19敗2分でセパ交流戦へ。このとき佐々岡監督は「五分五分で乗り切れれば……」と語った。

この弱気とも思える発言がチームを失速させたように見えた。結果は5勝13敗。このときの借金が、そのまま最終結果（66勝74敗3分）に繋がった。

さらにもう一つのギモンは、ワンパターンの采配にあった。特に先発が降りた後のクローザー栗林良吏に繋ぐまで、あらゆるパターンを試したものの、栗林だけはセーブシチュエーションのみ、3連投を避けるという方針が貫かれた。

これらを総じてみると、佐々岡采配は、時々に信頼できる選手を心のなかに描き、彼らにチームの命運をかけていたように見えた。その象徴が、小園と栗林だったように思う。

ただそうであったとしても、私は3年間、若手を多用し真っ当な采配を貫いた佐々岡野球を、相応に評価している。

ファンの予想が外れる

兄貴のように慕われた人望。全身を使った熱血のプレースタイル。そしてチームの雰囲気を盛り上げる派手なアクション。

これらのイメージから、新井監督への期待感は、〝話題性〟で達川光男（1999年）、〝期待度〟で野村謙二郎（2010年）を上回った。つまり「この人ならなんとかしてくれるだろう」というワクワク感があったのだ。

しかしその一方で思うに、監督業というのは選手時代とは一線を画し、その頃とは全く別の能力を必要とする特異な仕事でもある。そのため想定とは異なる方向に進むことも多く、はっきり言って、シーズンを通してやってみないと分からない。

実はその頃、巷で語られていた監督人事の大方の予想（本命）は、黒田博樹だった。ところが球団は、新井の方を選んだ。

私は当初、佐々岡との対比から、そうなったのだと思った。佐々岡から黒田では、変化の度合いがさほど大きくない。球団としては、平時の進化よりも、思い切った改革の方を望んだのだと思う。

言い方を代えれば、球団は一歩ずつ手堅く前に進めていくやり方よりも、ムードメーカーを中心に据え一気に士気を高め、上位を目指すやり方を選んだのだ。つまり皆がハツラツと元気を出し、選手が一丸となって、3連覇のときと同じような雰囲気を創り出したかったのである。

この経緯（意図）は、のちに語った松田元《はじめ》オーナーの言葉から、明確に読みとれた。

「新井監督は、うちにとっての切り札。Aクラスには当然入って、いつも優勝を狙える位置にいてほしい」

つまり〝切り札〟という言葉が、球団内で「黒田か、新井か」ではなく、かなり以前から新井に絞り込まれていたことを示唆していたのだ。

ただそういう経緯だったとしても、いつもファンの心の隅には留めておきたい。新井カープに何かあったときには、いつでもバックアップできる頼もしい人物がいる。そう、それは監督として、最も安定感があると思われる黒田である。

おそらく球団は、今回の人事について、予め黒田にも何らかの示唆を発していたものと思われる。この点、会見のときの新井の発言が、少し意味深だった。

「黒田さんとは話をされましたか？」の記者の質問に対し、新井はこう答えた。

「もちろん、話をしました。黒田さんは、少し間をおいてから笑っていました。その笑いがどういう意味なのか分かりませんでしたが、〝がんばれ〟と言ってもらえました」

その時点、球団は、ある程度の期間を新井に任せたい意向だったと思う。つまり最短でも3年、流れによっては5年くらいの長期になることも考えられた。

ただその一方で、私は、元気に動く監督を中心に据えただけで、3連覇のときと同じような雰囲気が創り出せるとは思っていない。独り元気というのは、一つ間違えれば、全体の〝空回り〟に繋がっていくことがあるからである。

あのとき（15、16年）は、黒田と新井の同時復帰によって、彼らの背中を見ながらプレーする他の選手たちの能力とやる気が顕在化し、皆で戦うムードを創り出した。

ただ同じ状況というのは、どんなことをしても創れない。必要なのは、それとは違う新しいムーブメントを創ることである。

それがいったい何なのか、そしてどういうメカニズムで生まれてくるのか。これからカープはゆっくりと、それを探す旅に出る。

黒田を取り込む

22年10月のある日のこと。広島市内の某処で、カープの新旧監督（佐々岡と新井）の食事会が開かれた。その仕掛け人は、当然のことだが、新井だった。そこに同席したのが、あの黒田である。まず新旧の監督が、まるで引き継ぎ式を行うように、盃を傾けて語り合うというのは、他球団ではあまり例を見ない。

その場で新井は、「肩や肘を痛めさせることなく、投手を大事に使ってもらった」「若い選手の芽を育ててもらった」などと、佐々岡の功績を称えたという。

チームを去っていく佐々岡からすると、彼の優しく温かい言葉は、確《しっか》と心に響いた。フツーなら陰で、前監督の批判や皮肉を述べたりするものだが、新井という男は、絶対にそれをしない。彼は、いつもリスペクトの言葉を発するのだ。

そしてこの場では、もう一つの話が密かに進行していた。新井は、その場に盟友の黒田を招いて、再び彼に支援を求めたのである。

実は、監督に就任したばかりの新井は、すぐに黒田に「力を貸してもらえないか」と打診している。ところが、そのときには快諾を得られなかった。おそらく会見のときの〝笑っていた〟という表現が、そのときの状況を指していたのだと思う。

ただ黒田という男は、信頼を置く可愛い後輩が、本気で相談してくれることを無下に断るような男ではない。11月18日、ようやくこれに決着がついた。

その答えは「黒田　球団アドバイザーに就任」というニュースによって、公にされた。黒田がフリーな立場で、不定期に助言を行うというものだった。球団アドバイザーを企業に例えるなら「非常勤の相談役」ということになる。そのとき黒田はこう語った。

「自分なりのペースや距離感を持ちつつ、いままで経験してきたことを微力ながらチームに還元していければいい」

このときの黒田の言葉は、リップサービスでも誇張でもなかった。彼はその後、自分が発した言葉通りに行動した。

実は、黒田は現役引退のときにも、非公式ながら球団から同じような役目を要請されている。ところが現場にはコーチがいるので、思い付くまま声をかけるわけにはいかない。つまりその立場は、ファンがあっけらかんと考えるよりも微妙なのである。

さらに一般論で言えば、現場というのは、頭に重いものが二つあると機能しにくい。中国に「両雄並び立たず」という格言があるくらいである。黒田の具体的な役割はいったい何なのか。この点、当初、新井の言葉が参考になった。

「シーズン中に自分から相談すること、アドバイスを求めることはあると思う」

そのウラを返すなら、新井は黒田にのべつ幕なく相談するつもりはないということだった。さらに新井は別のインタビューでこうも語っていた。

「いてくれるだけでいい。こちらからは何もない」

私は当初、これらの発言から、黒田は新井の個人的なアドバイザーではないかと思っていた。しかし黒田は2軍、3軍の若い選手に助言を与えていくことを公言するようになった。現に22年12月には、自らが発案し、マツダスタジアムを訪れ10人のルーキーたちを前にして自分の体験などを話し、彼らを励ました。さらに松田オーナーは黒田に、ドラフト1位ルーキー斉藤優汰への助言など（指導）を求めた。

日南キャンプ4日目（2月4日）正午過ぎ。その答えが出た。グラウンド内にジャケットを着た黒田が突然、姿を現した。そのことは新井監督にも知らされていなかったという。

「僕自身がもう一度勉強し直す気持ちで、選手たちと接したい」

翌日（5日）からジャージー姿で参加した黒田は、次々と投手たちに声をかけた。私自身、こんな黒田の姿を見るのは、選手時代を含めて、はじめてのことだった。

松本竜也、益田武尚（ルーキー）、栗林良吏、床田寛樹、黒原拓未……。黒田からアドバイスを受けた投手たちのコメントが次々に、地元新聞で紹介された。これが、黒田が心に描いていた

「球団アドバイザー」の仕事だったのである。

1軍が沖縄に移動した16日。2軍が練習する日南・天福球場に黒田の姿があった。彼は1日居残って、育成も含めた2軍の全投手の投球をチェックし、言葉をかけ続けた。

「ツーシームは曲げるのではなく、ベース上で強く動かすイメージで……」

ブルペンでこのアドバイスを受けた高橋昂也が、意識して腕を強く振ると、捕手のミット音が激しくなった。

右肘を手術した岡田明丈、育成出身から1軍を経験した藤井黎來には、遠投を勧めた。岡田はこう言う。

「あらためて遠投の意味、大切さを知った」

一方の黒田の言葉である。

「困ったときに、自分の言葉を思い出してくれたらいい。これだけ見ていると、どうしても気になる。これからもできる範囲で、由宇や大野（2・3軍の本拠地）に足を運びたい」

ここでもう一つ。ファンが心に留めておきたいことがある。それは、チームを最善の形で運営しようとする新井の〝心配り〟である。察するに、彼は当初から盟友・黒田をチーム外に置いておくのが心細かったのだと思う。

黒田は、新井の気持ちに少し間をおいてから応えた。それは黒田の天性の優しさであり、大らかさである。カープでは「両雄が並び立つ」のだ。

ただしつこく繰り返すが、二人が仲良しであるということだけでチームが強くなるようなことはない。ここで大切なのは、球団が新井の意を汲み「新井・黒田の二人体制」を崩さなかったことである。

ファンは選手時代と同じように、彼らをできるだけ辛抱強く、長い目で見てあげる必要がある。もう一つ。中国にこういう故事がある。

「功の成るは、成る日の成るにあらず、必ずよって起こるところあり」

つまり、すぐに答えは出ないのだ。これからカープファンは、ときに我慢をしながら、彼らの野球人生と長〜く付き合っていく覚悟が必要なのである。

着々と進められた準備

カープ再浮上のきっかけを作りたい。その思いのひとつが、ホーム用の白、ビジター用の赤を基調にした新ユニフォームの採用だった。これほど思い切ったチェンジは、マツダスタジアム元年の09年以来、14年ぶりだった。

特にユニークなのは、ホーム用の背中の下部にお洒落にデザインされた〝赤いしぶき〟の縦ラインである。またビジター用でも、胸のロゴや背番号が同系色（赤）でデザインされている。これらは、いずれも過去にあまり例を見ない。一部のファンがビジター用の「背番号がない？」とネットで話題にしたが、ともかく評判は上々である。

遡って22年10月15日。この新ユニフォームをお披露目する会場に、突然、そのユニフォーム（ホーム用）を着た新井監督が登場した。

そのとき彼は、記者たちに背中を向け、自分の背番号25をアピールしてみせた。それは、あの〝15番のジョーク〟を飛ばした就任会見（10月12日）からわずか3日後のこと。さらに言えば、佐々岡前監督の辞任会見（同3日）から12日後のことだった。

ここでどうでもよい話だが、しかし案外、大切な推察を記しておく。

新監督の背番号を決めて、それを本人サイズのユニフォームに仕立て上げるまでには、一定の時間を要する。このスピード感からすると、やっぱり新井の監督就任は、かなり以前から周到に計画／準備されていたものと思われる。

さらに新井は、電光石火の如く、球団の就任発表（10月6日）と同時に行動を起こしている。それは、22年シーズン中にＦＡ権を取得していた野間峻祥と西川龍馬への「残留を求める電話」だった。

彼らは、いずれも権利を行使しないで、カープへ残留することを決めた。そしてその動機が二人とも、就任が発表された直後の新井監督からの電話だったことを明かした。

野間は「獲得してもらったところでお世話になるのが一番」。西川は「気分が悪くなるくらい考え、ぐらぐらしていたが、監督から〝戦力として考えている〟と言われ、心が決まった」

〝一緒に戦おう〟。リーグ3連覇のときに共に戦った新井の言葉は、彼に恩を感じていた二人の心に十分すぎるくらい届いた。

二人の残留表明を聞いてから、新井監督はこう語った。

「また彼らと一緒に野球をやれる。すごくうれしいし、心強いし、頼りにしている」

二人は、新井野球の目玉になる選手（後述）だと思う。野間は、走るカープ野球のリーダーになると思われるし、西川は、すでに首位打者や打点王が狙えるくらいの位置につけている。

良い戦いをするために、まず戦力を整える。結果に責任を負う監督にとって、これくらい大切な仕事はない。

体制づくり

近年のプロ野球は、球団とチームの運営が高度化し、よりシステマティックになってきた。その運営は、もはや組織論の領域に入り、単に優秀な選手がいて、有能な監督がいれば勝てるというようなシンプルな因果ではなくなったのだ。

つまり選手と監督の間に、彼らを繋ぐコーチがいて、彼らがそれぞれ有効に機能することによって、はじめてチームとしての力が創出されるのだ。その核となる現場マネジャーが、監督ということになる。

22年10月。球団は、これまで長くコーチを務めてきた玉木朋孝、森笠繁、植田幸弘の3人と次季のコーチ契約を結ばないと発表した。

すでに佐々岡監督とほぼ同時に、責任をとって辞任していた河田雄祐（後述）を含めると、有能な4人のコーチがカープのユニフォームを脱いだことになる。

その後、球団は、彼らに代わるバラエティのある4人の新任コーチを発表した。それは誰が見ても、新井監督の意向を色濃く反映したものだった。もちろん球団は、彼のパワーをフルに引き出せるようバックアップした。

その一番の特徴は、元阪神コーチ2人（藤井彰人、新井良太）と、西武、ヤクルトで選手・コーチを務めた元カープの福地寿樹が含まれていたことだった。カープ一筋は、3年前に現役を引退した石原慶幸1人だけだった。

この人事について、松田オーナーはこう語った。

「外からの違った見方を入れてほしい。新井が4人に電話を入れてくれた。新井がいたから引っ張ってこられたと思う」

なかでも大切な役割を担うと思われたのが、監督への進言、コーチ陣の取りまとめ、さらに選手の指導も行うヘッドコーチだった。

この人事について、鈴木清明球団本部長はこう明かした。

「新井監督から適任者として最初に出てきた名前が、藤井氏だった。気を許せる間柄で、自分の意見を持っているし、細かいことも話せる」

その藤井は、会見でこう語った。

「ヘッドコーチは、監督の分身だと思う。すごい重責を感じている。周りをしっかりと見て、いろんなところに目配り、気配りをしていきたい。そして〝ダメなことはダメ〟。あやふやにしない」

藤井ヘッドコーチは、同年11月8日からはじまったカープ日南秋季キャンプで、日本シリーズの野球解説で合流が遅れた新井に代わって、全体の指揮を執った。

彼の経歴は、04年に近鉄（現オリックス）から、創設されたばかりの楽天に移籍。08年に守備率10割を達成し、盗塁阻止率1位も獲得した。そして11年に阪神に移籍。不動の城島健司に代わり、正捕手になった。そのとき新井と一緒にプレーした。

当時の私の印象では、「派手なプレーはないものの、インサイドワークに優れた、頼りになる守りの要」といったイメージだった。

風通しの良い風土

別表②は、新井カープ1年目のコーチングスタッフ（配置）である。

1軍では、3軍から菊地原毅が投手コーチ、2軍から赤松真人が外野守備・走塁コーチにそれぞれ昇格した。この布陣は明らかに、スムーズなコミュニケーションを重視する新井監督の意向が反映されたものである。

1軍で監督より年上は、2学年上の菊地原コーチのみ。同学年の藤井、朝山東洋、横山竜士の3コーチがその中核を成す。会話好きの新井監督は、自身が目指す野球スタイルなどをとことん話し合い、みんなで協力してチーム創りを進めるつもりでいる。

この点について、鈴木球団

表② 2023年カープのコーチ

所属	担当	名前
1軍	監督	新井貴浩
	ヘッド	藤井彰人
	打撃	朝山東洋
	打撃	迎祐一郎
	外野守備・走塁	赤松真人
	内野守備・走塁	小窪哲也
	投手	菊地原毅
	投手	横山竜士
	バッテリー	石原慶幸
2軍	監督	高信二
	打撃兼走塁	福地寿樹
	打撃	新井良太
	外野守備・走塁	廣瀬純
	内野守備・走塁	東出輝裕
	投手	高橋建
	投手	永川勝浩
	バッテリー	倉義和
3軍	総括兼矯正担当	畝龍実
	投手育成強化	小林幹英

本部長も期待を寄せる。

「首脳陣は、意見を言い合える間柄だと思う。言いにくいことも言えるよう風通しの良い風土を創ってほしい」

このコーチングスタッフで、私が注目するのは2軍で主に走塁を担当する〝攻め〟の福地（打撃兼走塁コーチ）と、1軍で主に捕手を担当する〝守り〟の石原（1軍バッテリーコーチ）である。

福地は、1993年にドラフト4位でカープに入団。その後、長くヤクルトに在籍し、2008年から2年連続で盗塁王を獲得した走塁のスペシャリストである。

また石原は、卓越した捕球・送球技術を誇り、球団最多の1597試合でマスクをかぶり、日本代表に選ばれるなど、豊富な経験と実績を有す。ここに同じく百戦錬磨の経験をもつ藤井が加わり、二人で走塁を刺すための送球技術などを指導する。

福地と赤松は、新井監督が復活を目指す〝走るカープ野球〟のキーマンを育てることになる。具体的に書けば、福地は、主に盗塁などの走塁技術、赤松は実戦で選手を鼓舞する役目を果たす。

なぜ彼らの役割が大切になるのか。その背景にあるのは、言うまでもなく、このところほとんど〝走らなくなったチーム〟の再生（後述）である。

そしてもう一つ。2軍打撃コーチを務める新井監督の実弟・新井良太は、主に若い長距離砲を育て、彼らを1軍に導くための指導に徹する。彼の役割もまた中・長期のカープにとって非常に大切になる。

この際なので、特に1軍の布陣について、老婆心（蛇足）を書いておく。風通しの良い風土というのは組織としての理想であり、大変けっこうなことである。しかし一方で、それは無用のコミュニケーションを含む仲良しクラブ（グループ）になるリスクもはらむ。

必要なのは〝大人の関係〟というか、ある種の緊張感であり、良識である。つまり全員一致のイケイケではなく、ときには意見が分かれ、それをとことん考え、話し合う集団でなければならない。

組織論で言えば、例えば70％で合意、30％で張り合うくらいの心地よい関係が望ましい。企業では、それを引き出すために、わざわざ意見の異なる人や年齢差のある人を組み合わせることもあるくらいである。

若手の底上げ

新井監督が、繰り返し語ることがある。

「若手、中堅、ベテラン、外国人選手がバランス良く機能すること。なかでも若手の底上げが大切だ」

平凡で当たり前のように聞こえるが、この点はかなり重要だ。つまり優勝するくらいの勢いをつけるためには、若手の底上げが不可欠になる。そこに、説明のつかない代謝メカニズムが生まれてくるからである。

不思議なもので、若手の活躍は中堅やベテラン選手に刺激を与え、全体の戦力を著しく向上させる。しかしその一方で、シーズンは長い。ポストシーズンまで含めると、そこまで若手の勢いを中心に引っ張っていくのにはムリがある。

そこで必要になるのが、ベテラン、中堅、外国人の安定した地力ということになる。これらがうまくかみ合ったとき、はじめてチームは強くなる。

言ってみれば、そのきっかけ（引き金）を作るのが〝若手の底上げ〟である。それによって選手の活発な代謝（入れ替わり）が生まれ、チームが活性化する。

その勢いでチームを優勝に導くというのは、特に珍しいことではなく、フツーに考えられる「意図して創り出す流れ」である。

22年10月。球団は白濱裕太、安部友裕、菊池保則、中田廉、山口翔、田中法彦の6人と次季の契約を結ばないことを発表した。

特にファンが驚いたのは、そこに安部、菊池、中田の3人の名前が入っていたことだった。彼らは、いずれも1軍の主力として活躍した選手だったからである。

安部は、プロ15年で700試合に出場。特に10年目の17年には、三塁手に定着し初の規定打席に達し、打率3割1分。その季のリーグ優勝に貢献した。ただ22年はケガで出遅れ、後半戦に2軍に復帰し本来の打撃（3割6分8厘／37試合）を取り戻したのに、1軍に呼ばれることはなかった。

菊池は、19年に楽天からカープに移籍。すぐにリリーフ陣に加わり、一時セットアッパー、クローザーなどの重責を担った。ただ22年は好不調の波もあり、わずか8試合の登板（防御率5・63）に留まっていた。

中田は、通算267試合に登板し15勝16敗。17年には中継ぎとして53試合に登板し、防御率2・70でリーグ連覇に貢献した。特にファンの印象に残っているのは、満塁のピンチで登板する〝火消し役〟だった。ただ22年は、1軍での登板がなかった。

思うに、彼らはまだ十分に戦力になりえた。しかしもう一方で思うに、この時点でまだ彼らに頼り続けるようでは、若手の道が狭くなる。ファンとして惜別の情を禁じ得なかったが、しかし私たちは彼らの言葉に救われた。

立ち会見に臨んだ中田はこう語った。

「野球には一区切りつけたい。大好きな野球を続けることができて、いまは感謝の気持ちしかない」

そして11月8日に12球団合同トライアウトに臨みながら、他11球団からオファーがなかった安部もこう語った。

「長くやらせてもらい、すべての人に感謝したい。満員のマツダスタジアムでもらった声援は一生忘れることはない」

その安部はいま、地元テレビ局で度々コメンテーターとして登場している。いつも要領を得たコメントで、彼に新たな才能を感じる人は少なくない。

私は以前、共にTVコメンテーターをやっていた元カープ選手から、印象的な言葉を聞いたことがある。それは引退のときの心境だった。

「もう1年やることも考えた。しかしイキのいい若い投手を見ていると、やはり彼らに道を譲るべきだと考えるようになった」

彼は2軍の由宇球場と、1軍のマツダスタジアムのマウンド付近で、ナインから2回も胴上げされてカープのユニフォームを脱いだ。

つくづく思う。新井カープは、彼ら6人が空けてくれた道を最大限、有効に活用しなければならない。

次代のカープを背負う

その若手の登用に関し、新井監督が就任会見でこう訊かれた。

「誰か、期待している若手はいますか？」

彼は間髪を入れず、こう答えた。

「全員です。1軍、2軍、そして野手、投手に関係なく、全員をフラットな目で見ていこうと思っています」

その後、彼は真っ先に選手たちにこの話をした。それは、自身の合流が遅れた秋季キャンプで、はじめて選手を集めて話したときのことだった。

「俺は、好き嫌いで起用したり、接したりは絶対にしない。お前らが思っている以上に、全員に期待している」

プロに入ってきた選手というのは、どこかに必ず〝キラリと光るもの〟を持っている。だから、そこにいるのだ。すぐに頭角を現す選手もいれば、じっくりと時間をかけて出てくる選手もいる。

彼らを監督がどう評価し、どのタイミングでどう活用していくのか。それこそが、監督の腕の見せ所なのである。

そのことを百も承知したうえで、一ファンとして野次馬的な見方（夢想）を書かせてもらう。つまり、あくまで個人の独り言である。

現時点で24歳以下の若い選手のなかで、新井カープに貢献してくれそうな選手を4人だけ挙げてみたい。この際、すでにレギュラー級に成長している坂倉将吾（24歳）と小園海斗（22歳）は除く。

まず投手では、22年ドラフト1位ルーキーの右腕・斉藤優汰（18歳）である。彼は左右の違いはあるものの、99年に同じく高卒ドラフト1位で入団した河内貴哉（現・球団広報）を彷彿とさせる。当時の河内は〝金田二世〟と騒がれたが、斉藤の評価もそれに勝るとも劣らない。

この点は、球団の見方も同じで、「才人 才に倒れる」ということにならないよう、松田オーナーが直接、黒田に斉藤への助言（指導）を求めたほどである。

2月8日の1軍キャンプ。ブルペンの後ろに松田オーナー、新井監督、黒田球団アドバイザーが顔を揃えた。2軍からそのときだけ特別に参加した斎藤の投球を、ナマで観るためだった。その熱い視線のなか、彼は全て直球で25球を投げた。

黒田がこう評価する。「フォーム的にも無駄やロスがなく、素晴らしい投球だ。物おじしないブルペンだった」。一方の斎藤は「あまりにすごい人たちの前で、緊張よりもワクワクしながら投げた」。

近年で言えば、ロッテの佐々木朗希（21歳）が、そのモデルになるだろう。いずれも並み外れた豪速球で押し込むタイプだが、当初は2軍スタートであっても、2、3年以内に1軍で活躍する投手になると思う。

続いて、野手。ここでは「日本人の三塁手レギュラーがいない」「そろそろ菊池の後釜を考えておかなければならない」といった事情もあり、幾人かの候補が必要になる。そこで私は、毎季、着実にステップアップしている羽月隆太郎（22歳）を推したい。

彼の魅力は、地面に叩きつけるようなしぶとい打撃。アッという間に次塁に進む走力。そしてイザというときに発揮される強いメンタリティである。

もう一人は、22年に1軍デビューを果たし、今季すでに主力に迫る存在になった韮澤雄也（21歳）である。彼は19年WBSCのU－18野球ワールドカップでチームトップの10安打を放ち、ベストナインに選出された。

あの若さでバットコントロールに優れ、選球眼も良く広角にヒットが打てる。守備でも〝グラブさばきの巧さ〟が光り、羽月とともに菊池の後継者として期待される。

さらに外野手でもう1人、スラッガーとして注目される若手がいる。21年にドラフト4位で入団した田村俊介（19歳）は、入団当初、大谷翔平（エンゼルス）に刺激を受けて、二刀流を志願していた。

現に彼は、高校時代に投手として最速145キロを投げ、打者として通算32本塁打を放った。ただ球団はスラッガー候補として、外野手に登録した。

23年シーズン。自主トレからひときわ目立った田村は、新井監督の目に留まり、最年少で1軍の日南キャンプに呼ばれ、対外試合、オープン戦を通して積極的に起用された。自然に、新井監督の直接指導にも熱が入った。

3月初旬。前田智徳からTVインタビューを受けた新井監督が、逆質問する場面があった。

「前田さんは、田村の打撃をどう見ていますか?」

そのときの前田の評価は上々だった。さっそく新井監督が、そのことを本人に伝える。いま田村の目の前には、彼がどこにいたとしても、うっすらと1本の道が見えている。

チームを支えるスラッガーというのは、とにかく遠くへ飛ばす素質(天性)を持っている打者を見つけ出し、その打者を徹底的に鍛え上げ、場数を増やすことによって育成していくということしか道はない。

かつてカープには、そのモデルになる打者がいた。それは1989年に高卒からドラフト5位で入団した江藤智(のちに巨人)である。彼はカープ時代に本塁打王2回、打点王1回を獲得した。江藤のようなスラッガーを自前で育て上げること。このことは、新任の新井良太(2軍打撃コーチ)の一番の仕事になると思う。

もちろんカープには、他にも優秀な若手がたくさんいる。特にワンチャンスを活かし、1軍の先発ローテーションを勝ち取った玉村昇悟（22歳）は、球の出どころが見えにくい変則左腕で、ヤクルトの不屈の左腕・石川雅規のようである。また2軍で活躍する林晃汰（22歳）もまた、やがて1軍に登場してくる稀有なスラッガーの一人である。

それは、いま彼らが1軍にいるのか、2軍にいるのかという問題ではない。どういうきっかけ（タイミング）で、いつ誰が出てくるのか。1軍と2軍が一体になることを公言している新井カープが、どの選手を、どのような形で送り出してくるのか興味は尽きない。

蛇足になるが、23年シーズンにチームの骨格を形成する主力選手たちのレベルアップについては、日々〝言わずもがな〟の課題である。その場においては、もはや若手、中堅、ベテラン、外国人といったような垣根はない。この点については、第七章でより細かく分析（夢想）してみることにしたい。

次章では、新井監督を輩出した広島の街の特色と、そこからスタートした彼の少年・学生時代〜プロ入りまでの波乱の道について描いてみたい。

第二章　広島を真っ赤に染める

新井という男は、どんな街のどんな環境で育ち、どんな軌跡を描いて監督になったのだろうか。それを知ることは、未来へのヒントを知ることでもある。街でファンとチーム（監督）の間に漂う空気。そこに、プロ野球のすべてがあると思うからである。

再び、新井監督が就任会見のときに発した言葉である。カープファンへのメッセージを求められ……。

「マツダスタジアムを真っ赤に染めてほしいです。そして選手に力を下さい。私たちは皆さんを喜ばせ、皆さんの気持ちを真っ赤に燃えさせるよう頑張っていきます」

いまコロナ後の日本社会で、政治・経済の面での中央への一極集中の流れが止まらなくなった。ところがその一方で、人々の感動を誘うスポーツ・文化の面では、これがあまり当てはまらないようなところがある。

つまりスポーツ・文化の面では、地方が中央を圧倒することができるのだ。5年前のカープのリーグV3などは、その一つの象徴だった。

ところがこのところ、その風潮に翳りのようなものが見えてきた。この点において、新井を監督に起用しチームの雰囲気を一新しようとするカープに、ファン（市民）がどう応えていくのか楽しみになってきた。

23年シーズンは、新球場（エスコンフィールド北海道）に移転し、新たな船出を迎えた新庄・

日ハムにも期待がかかる。北広島市を拠点とする日ハムの場合は、最下位（22年）からの巻き返しという逆転ドラマもありえる。

これらの状況からして、セパ12球団のほとんどが、ようやく徹底した「地域社会との共生」をキーワードにしはじめたように見える。

市民とともに

古い話になるが、かつてカープにファンとチームの間に存在する空気について、殊のほか熱心に説く監督がいた。

それはカープ初の外国人監督（第10代）ジョー・ルーツだった。私は、その話を当時選手だった山本一義さん（故人）から直接、聴いた。

「監督がみんなを集めて〝広島の街を元気にしよう〟と言うんです。選手は、監督が何を言っているのか理解できず、ポカンとしていました」

いまのファンからすると信じられない話だと思うが、当時の選手は、グラウンド上で相手チームと戦うだけでなく、観客とも戦っていた。

もし観客の意に沿わないプレーがあったとしたら、激しいヤジが飛び、ときにはビンなどが投げ込まれた。その名残からか、いまでもマツダスタジアムに入るときには、厳しい手荷物検査が実施されている。

実は、1975年シーズンの途中でルーツの跡を継いで監督に就任した古葉竹識も、ルーツの発言についてこう語っている。

「初優勝し、パレードしたときに沿道に集まってくれたファンのなかに、親族の遺影を掲げた人がたくさんいました。そのときやっと、ルーツが言っていたことを理解することができました」

1975年からはじまったカープの第1期黄金時代。そのタネをまいたのは、カープ初の外国人監督ジョー・ルーツだった。そして、そのタネを発芽させ、育成し、果実を収穫したのは古葉竹識だった。

この黄金時代の根底に、街に流れていた目に見えない大切なもの。それがいまの新井監督にまで通じる、この章のテーマである。

オールインの心

そのはじまりは、あの04年の大ピンチ（4ページ）のあと、2人目の外国人監督として就任したマーティ・ブラウン（06〜09年）が唱えた〝オールイン〟という言葉だった。

それは、いまでこそ当たり前になったが、「広島市民（ファン）と監督、コーチ、選手が一体になって、一つの目標に向かって共に戦おう」という呼びかけだった。

ブラウンは、ファンを喜ばせるために、スピード感あふれる機動力野球を求めた。その奇抜な采配はカープ野球だけでなく、日本のプロ野球界全体に少なからぬ影響を与えた。

例えば、先発投手。その頃はまだ、先発投手というのは完投を目指すというのが主流だったように思う。しかしブラウンは、就任当初から「投手の肩は消耗するもの」という考え方をベースにして、徹底した投手の分業体制を敷いた。

例えば、7回くらいまで当時のエース黒田博樹が、相手チームを完封していたとしよう。それでもブラウンは、必ず救援投手を送った。「先発投手は100球メド」を徹底したからである。

攻撃陣で言えば、彼は、決して打順を固定しなかった。06年の開幕戦からの数試合では、緒方孝市を1番に、前田智徳を2番に起用した。この奇策について聞かれたとき、彼はこう答えた。

「出塁する確率が高い順に並べただけですよ」

つまり彼は、1番は誰、4番は誰…という風に打順を固定しなかったのである。その奇抜で論理的な思考のせいもあって、広島でのブラウン人気は、日に日に高まっていった。彼は、試合ごとに含蓄のある言葉を発し続けた。

「私は頑固だが、愚かではない」

「日本には、最後まで投げたがる投手（黒田）がいる」

「昨日は昨日。今日も同じ流れが続くとは限らない」

そうした西洋的でどこかスカッとするようなブラウン野球を支えていたものは、〝これでもか〟というくらいの徹底したファンサービスだった。

何より注目されたのは、ブラウン野球によって、かつてサラリーマンなどのおじさん族が中心だったファン層に、新たに若い主婦やOLなどが加わってきたことである。彼が創った土壌の上で、のちに〝カープ女子〟という流行語が生まれた。

ブラウン野球によって頭角を現した前田健太（現ツインズ）は、こう語っている。

「僕がカープに入団した頃は、スタンドを見ても、若いお客さんや女性はあまりいなかったように思います。ところがあの頃から、若いファンがすごく増え、女性ファンもいっぱい目にするようになりました」

この流れのなかで、マツダスタジアムでは、かつて30％台だった女性客の比率が段々と伸び、いまでは55％を超える状態を維持している。

ファンのことを一番に考えたブラウン野球が、広島の街の隅々まで、21世紀型の新しいカープ文化を根付かせたと言っても過言ではない。

この流れは次の野村謙二郎の時代に、思いもよらない形で花を咲かせた。そう、堂林翔太の出現などで、カープ人気が全国に広がったのだ。そしてこの流れに乗った緒方孝市の時代に、かつて経験したことのなかったリーグ3連覇を達成することになった。

ここで大切なことは、ブラウン監督時代にカープの4番だった新井が、監督になったいまでも、この流れのなかにいるということである。

新井の会見の「ファンの気持ちを真っ赤に……」を耳にして、私は素直に、そこに新たなドラマを加えながら、同じカープ文化を共有し続けようとする彼の強い思いを感じた。

奇跡の光景

新井監督はファンに「スタジアムを真っ赤に染めてほしい」と語りかけ、そして監督と選手が一体になって「皆さんの気持ちを真っ赤に燃えさせる」と約束した。その〝ファンが真っ赤に燃える〟という光景は、ほんの少し前まで目の前にあった。

それは、コロナ社会以前のことである。食事に食事マナーがあるように、カープ応援にもカープ特有の応援マナーがあった。まず1回のカープの攻撃がはじまるとき、応援団がファンファーレを鳴らしファンに合図を送る。このときカープファンは、できれば立ち上がり、メガフォンを高く掲げてスタジアムでの一体感を表わす。

そして選手ごとの応援歌がはじまってからは、リズムに合わせて選手の名前を呼びながらスクワット応援を繰り返す。その際は「立ち上がってメガフォンを振る➡座ったらメガフォンを叩いて拍子をとる」というのが基本だった。

さらにカープに点が入ったときには、メガフォンを叩きながら「宮島さん」の歌を声高らかに合唱する。

「宮島さんの神主が～おみくじ引いて申すには～今日もカープは～勝～ち 勝～ち 勝ち　勝ち～」

そして7回の攻撃前には、勝っていても負けていても、美声の人も悪声の人も「それ行けカープ」を大声で唄い、その最後に赤いジェット風船を飛ばす。これがカープ式の応援マナーだった。この応援スタイルは、マツダスタジアムではじまったものだが、その後、他11球団の本拠地でも見られるようになった。

振り返ってみると、プロ野球12球団のなかで、これほどシステマティックに統制のとれた応援は他になかっただろう。もちろんロッテの〝黒い軍団〟の統制のとれたド迫力の応援も見事だったが、カープの応援は、陽気さと美しさにおいて日本一だった。

そのため時々、綿密に仕込まれたディズニーショーよりも凄いと思うことがあった。よく見ていると、目の前で展開しているゲームの動きに対し、ファンの動きと声援が見事にコラボしている。これが、明らかに選手たちのモチベーションを高めていた。

つまりあの頃は、選手とファンが一つの目標に向かって、一糸乱れることなく、まるでマスゲームのように一体になって戦っていたのだ。

たまたまスタジアムに観光に来ていた外国人が、この情景を見て叫んだという。

「オー、信じられない！　他の国ではありえない」

もちろん皆で〝ブラボー！〟と叫んだサッカーの第22回W杯カタール大会（22年）の応援も凄かったが、カープの場合は、それとは質が違っていた。

確かに、この情景が1冊のマニュアルもなく、予行演習も行われず、整然と楽しげに繰り広げられたのは、人間が創り出した奇跡と言ってもよかった。

このごくフツーのマツダスタジアムの情景は、実のところ、さりげなく人間社会の〝あるべき姿〟を示唆していたように思う。つまり、これが人間社会の理想の姿なのではないか…ということである。

ところがコロナ社会の到来によって約3年間、この光景が目の前から消えてしまった。コロナ感染防止対策が優先され、ファンの〝気〟が伝わりにくくなり、チームの勢いも失速してしまった。

しかし23年シーズンから、明らかに潮目が変わりはじめた。政府の新型コロナの「基本的対処方針」が改訂され、イベントの人数制限が廃止され、スポーツやコンサート会場で大声を出して応援できるようになったからである。

3月11日。マツダスタジアムで今季初めてヤクルトとのオープン戦が行われた。4年ぶりの声出し応援、少し控え目に見えたスクワット応援、そして球場に鳴り響いたトランペット応援。また広島の街に、あの日常が戻ってきた。

カープ文化の発信基地

外国人ならずとも、はじめて広島に来た人は、まず街の光景に驚く。ほとんどの商業施設が、大小のカープグッズコーナーを開設しているからである。グレー基調の日常風景のなかで、そこだけ華やかに浮き上がって見える。

その結果、広島の子どもたちは、カープ坊やとロゴ入りのエンピツやファイルを使い、若者たちは、どこかしら赤色の入った洒落たカープグッズを身に着けている。さらに壮年の人たちは、カープのロゴ入りボトルから焼酎を注いでいる。

おそらく広島では、これらのカープグッズだけで、なんとか生きていけるのではないかと思う。なぜ、それが可能になるのか。

それは、カープグッズが衣食住（着る、食べる、住む）から趣味のアクセサリーに至るまで、生活に必要な、ほぼ全域の商品をカバーしているからである。

いまではカープカーテンやシーツなどの寝具類はもちろん、赤いドアにカープロゴが入った「カープ流し台」。５年前のＶ３のときには、カープ仕様の「赤いポルシェ」まで登場した。そして23年には、のちに第５回ＷＢＣでブームになったバットの形をした木製ペッパーミル、球場へ持ち込めるバッグ付きのビールサーバーなど、約450点が追加された。

そういう社会の中心になっているのが、09年に開設されたマツダスタジアム（カープ文化の発信基地）である。この球場の存在によって、広島市、特に東部地区に力強い〝ダイナミズム〟が生まれ、JR広島駅周辺には、それまでになかった人の流れができた。

このダイナミズムは、カープ球団が心臓のような役割を果たし、長期にわたって人の流れを絶やさない仕掛けが維持されている。

試合の勝ち負けに一喜一憂することよりも、市民の憩いの場となるような快適空間を作り、それを進化させていくこと。この地域密着の考え方が、カープ文化を生み出したと言っても過言ではない。

そもそも都市というのは、その時代・環境や時々の立場によって見方が変わる。広島市の場合は原爆ドームを核として、そこから放射線状に広がる市街地を中心に語られることが多かった。

もちろんそういう視点も大切だが、もう一つ、マツダスタジアム（カープ）を核にして、そこから流れ出て、街中に漂う空気のようなものを忘れてはいけない。つまり、広島は世界に一つしかない〝カープの街〟なのである。

因みに23年に公表された総務省の家庭調査のなかに「市民は何によくお金を投じているのか」という興味深い集計データがあった。

このデータによると、２００８～22年の15年間で、広島市の２人以上の世帯が支出したスポーツ観戦料は全国１位だった。もちろんこれにはカープだけでなく、サッカーのサンフレッチェ、バスケットボールのドラゴンフライズなども含まれている。

この際、注目すべきだったのは、２位の仙台市、３位のさいたま市が、地元プロスポーツチームの成績に応じて消費額が変動していたのに対し、広島市は、それが相対的に安定していたことだった。つまり広島市の場合は、勝っても負けてもファンが押しかけるカープが下支えしていたのである。

「たとえ最下位であったとしても、カープが大好き」

この状況を有り体に書けば、日常の挨拶でも、小さな会議の冒頭でも、まず〝カープの話〟からはじめるのが、この街での正しいマナーなのである。

日々進化する

そのマツダスタジアム最大の〝売り〟は、随所に劇場空間としての工夫が凝らされていることである。このため観客は、老若男女がそれぞれの観戦スタイルを楽しめる。

例えば、熱狂的なファンのためのパフォーマンスシート。ベンチと同じ目線でプレーを観ることができる砂かぶり席。さらに団体客用には、パーティーフロアやバルコニー席などが用意されている。

また観客席の勾配も緩やかで、移動が楽にできる。さらに一階席後方のコンコース沿いには車いすスペースが確保され、数百人が観戦できる。

つまり球場が、子供、その親、そして祖父母…、さらには、身体の不自由な人まで楽しめるところになっているのだ。ひとつの球場で、このように複合的な楽しみ方（価値）を生み出すところは、あまり例を見ない。

試合のある日には、ＪＲ広島駅からマツダスタジアムに至るアプローチ道路は、人々の笑顔で溢れ、まるで巨大な縁日のように見える。

この平和な光景を維持するためには、刻々と変化していく時代のニーズに合わせ、球場を進化させていくことが必要である。そのために球団は、毎年、複数の職員を海外に派遣するなどして、ファンが楽しめる施設やイベントを研究し、それを具体化している。

23年には、グッズをより求めやすくするためにショップを大幅にリニューアル。その入り口では、床から天井までの〝とにかくデカイ〟新井監督の笑顔のパネルがファンを迎えてくれる。

さらにグラウンドではファウルボールから観客を守るため、既存のバックネット両側から両翼に向け、高さ8～10メートルの防球ネットが新設された。

この改修は、グローブ片手にファウルボールをゲットしたい少年たちよりも、やや反射神経の衰えた高齢者や幼児たちの安全を守るために考え出されたものだと思う。

こうして広島の街に、〝これでもか〟と思えるくらい安全で、楽しく、豊かなカープ文化が提供され続けている。

その後、23年にオープンした「エスコンフィールド北海道」は、ホテルや温泉施設などを併設し、サウナ風呂からでも観戦できる異次元発想の球場として話題を集めた。一方、15年を経過したマツダスタジアムは、いっそう地域との繋がりを深め〝亀の歩み〟のように進化を続ける家庭的な球場として親しまれている。

新井を監督に迎えたカープ球団は、意図して〝新井ブーム〟を創り出すため、ファンがアッと驚くようなディスプレイ演出もスタートさせた。

まずマツダスタジアムに隣接する屋内練習場の壁面（高さ約4メートル、長さ63メートル）に、27枚の新井監督の選手時代の写真パネルを設置した。

試合を観に来たファンは、監督のなつかしい丸刈り姿、殊勲打を放ってガッツポーズする姿、優勝パレードで黒田と一緒に手を振る姿などを左側に見ながらウキウキ気分で入場できる。

そして球場の2階にはギャラリーが設けられ、新井監督の２０００安打のバット、黒田球団アドバイザーのスパイク、セリーグ優勝・日本一の歴代トロフィーなどを自由に見学することができる。

これらを見て気付くことがある。球団は「広島育ちの人気者・新井を前面に押し出し、新たな戦略を打ち出している」ということである。つまり成功するも、失敗するも、この物語を公開ショーとして見せてくれようとしているのだ。

その広域の舞台となるのは〝広島の街〟であり、その出演者は、広島に住むすべての人たちである。因みにカープの歴代監督のなかで、このような演出が試みられた例はない。

当の新井も、地元経済誌のインタビューに応え、こう語っている。

「カープは12球団で一番、地域・地元に密着した球団です。カープが元気だと広島の経済も元気になりますし、カープが強いと広島の経済も強くなります。広島が盛り上がるよう頑張るのが、私たちの使命です」

新井を育てた街

カープが創設されてから、広島に住む人々は、良くも悪くもカープとともに歩んできたと言ってもよい。その関わりが強いほど、郷土愛が強い。

私が子どもの頃、そのカープはまるでプロ野球界の決まりごとのように毎シーズン、下位に沈んでいた。大人になったらカープの選手になって、カープを強くしたい。それは当時、広島で生まれ育った少年たちの多くが心に描いた夢だった。

私は中学時代（同学年）に、偶然、のちにミスター赤ヘルと呼ばれる山本浩二に出会った。彼は、夢を追い続けてプロ野球選手になった。その活躍は、日本国民ならたいていの人が知っている。山本浩二は、自著のなかでこう書いている。

「子どもの頃、父に手を引かれて広島県営球場へカープの試合を観に行ってから、小学校、中学校、高等学校とまるでプロ野球選手になることを〝熱病〟のように考えていた」

私はいま、彼の同級生としてこう証言したい。正直な話、私たちの周囲で、彼のその後の姿を想像した人は誰もいなかった。しかし彼は被爆地・広島の地で、人々の想像をはるかに超えるケタはずれの努力を続けた。彼が得た〝ミスター赤ヘル〟の称号は、少年時代に心に決めた夢のゴールだったのである。

その山本浩二が活躍していた頃、同じ地（広島）で育った新井貴浩もまた、山本浩二に憧れ、カープの選手になることを夢見た。

彼は、自著のなかでこう書いている。

「父親は野球好きで、プロ野球の選手になりたかった。けれども家が裕福でなく、家計を助けなければならなかった」

それでも広島に住む父親というのは、それがどんな境遇であっても、男児の手を引いてカープを観に行く生き物なのである。それが、まるで定められた生き方のように……。

その頃、新井少年が読みふけっていた本があった。それは、教室に蔵書として備えられていた中沢啓治の『はだしのゲン』である。

新井自身が被爆三世（祖母が被爆）だったせいもあったが、主人公のゲンが廃墟の地で逞しく生き抜く姿（物語）は、その後、新井の心の支えになった。

「逆境 反骨 全力」。この3つの言葉は、その後、担任の先生を通して交流することになった本の著者・中沢啓治と先生と3人の間で、まるで約束ごとのように交わされた言葉だったという。

新井の少年時代は、旧広島市民球場まで歩いて10分ほど。住んでいた本川橋西側の堺町から歩いて行けた。もちろん大のカープファンだった父親と一緒に、幾度となく足を運んだ。

その頃は、衣笠祥雄、山本浩二、水谷実雄らの全盛期。つまり彼は、カープ黄金時代に広島の街の空気を吸いながら育ったのである。

「山本浩二のような選手になりたい」

いつのまにか少年の心のなかに、ムクムクと芽生えたもの。それが、日を追うごとに雪だるまのように大きくなっていく。

しかし当時、小学生が硬式ボールを使って野球をやることなどは叶わない。彼は、小学3年生のときにソフトボールをはじめた。

また彼はクラスの学級委員長を務め、運動会では応援団長をやって他の生徒を引っ張っていくような存在だった。その頃、すでにひときわ背が高く体育会イメージだったのに、一方で熱心に授業に耳を傾け、質問もよくする生徒だったという。

そういう子どもの頃から変わりようのない新井の性格・人柄を知るには、友人（同級生）が語るエピソードが参考になる。

「2人で川辺を歩いていたとき、川にゴミを投げ捨てる子どもたちがいた。相手は見るからに年上なのに、新井は肩をつかんで〝やめろ〟と言って止めた。びびっている私に〝悪いことをしとるんじゃけえ、注意せんといけんじゃろう〟と言う。それから少し、私の見る目が変わった」

ようやく本格的に野球をはじめたのは、その後、移住した地区の五月が丘中学校でのことである。しかし、この時点でもまだ軟式ボール。初めて硬式ボールを握ったのは、広島県立広島工業高校に入ってからのことだった。

チームを明るくする

その高校は地元で「県工」と呼ばれ、現在、ヤクルトの監督を務める高津臣吾などを輩出した名門校で、夏に5回、春に5回甲子園に出場している。

当時、野球部コーチだった松岡法彦（のちに監督）はこう語っている。

「新井の印象は、とにかく体が大きいということでした。練習するのも、怒られるのも一生懸命。そんな性格が、チームを明るくしてくれました」

チームで一番の長身。それでも2年生まではレギュラーになれなかった。ポジションは外野手（主にレフト）。この状況のため、広島の高校球界で新井の名を知る人はほとんどいなかった。

そして3年生のとき。夏の全国高校野球大会の広島県予選のことだった。県工は3回戦まで勝ち上がり、優勝候補の広陵と対戦。広陵は、二岡智宏（当時、投手。のちに巨人）と福原忍（のちに阪神）のダブルエースの布陣だった。

そのとき広陵の圧倒的有利の予想を覆し、無名の4番・新井を擁する県工は6対2で勝利。いまでも新井は、その試合を高校時代の良き思い出として語る。

このときの野球部の仲間たちは、いまでも市内の居酒屋に集まって交流を続けている。ある地元TV番組でその場面が放映されたことがある。新井を含め〝おい〟〝お前〟と呼ぶ合うシーンが印象的だった。

前述の松岡は、新井の打撃についてこう話す。

「最大の魅力はフルスイングでしたね。そこから繰り出される打球には凄いものを感じました」

さらに続け……。

「どんなときも諦めない全力プレーが目立ちました。彼の必死なプレーを見たら、納得するというか、人の心を動かす真っ直ぐなものを感じました」

日本には「三つ子の魂、百まで」という言葉がある。プロに入り、そして監督になったいまでも、彼のスタイルは変わらない。新井は言う。

「子どもの頃から高校時代まで、野球をやっていて本当に楽しかったです。野球をすることが苦しいと感じはじめたのは、プロに入ってからのことです」

グラウンドキーパーになるのか

その後、新井は広島を離れて、東都六大学野球リーグの駒沢大学に進学した。駒大と言えば、プロ野球で名を馳せた大矢明彦、中畑清、石毛宏典、野村謙二郎、高橋尚成……。名前を挙げればキリがない。

大学時代の新井は、一発が打てる半面、荒削りなところが目立つ選手だった。ポジションも一定ではなく、春は一塁手、秋は三塁手だった。そのためプロのスカウトから注目されるようなことはなかった。

それでも彼は全力プレーが評価され、日米大学野球の日本代表メンバーに名を連ね、そのとき打率5割をマークした。そして秋のリーグ戦では打点王を獲得し、ベストナインにも選ばれた。

しかし春・秋シーズンを通してみると、好不調の波が大きく、結局、4年間のリーグ戦での通算本塁打は、わずか2本。通算打率も2割をやっと超えるくらいだった。つまり、とてもプロに行けるような成績ではなかったのだ。

それは1998年のドラフト会議の10日前のことだった。新井が一人で、駒大の監督だった太田誠（現終身名誉監督）の部屋にやってきた。

太田の話によると、それまで彼が部屋にやってきたことはなく、「座れ」と言っても座らなかったという。そして、いきなり話しはじめた。顔は紅潮し、汗はだらだら…で。

「小さいとき、広島市民球場に行くのが一番の楽しみでした。嫌なことでも何でもやります」

話が回りくどいので、最初は何を言っているのか分からなかったという。しばらくして、新井がこう言った。

「プロ（カープ）に行きたいです」

太田監督とのやりとりは、それだけだったという。しかし、人の情報とか人脈というのはありがたいものである。太田は新井が部屋を出たあと、すぐに駒大出身のOB・大下剛史（後述）に電話を入れた。

この1本の電話から、長い物語がはじまったと言ってもよい。コツコツと真面目に野球をやっていたら、いつのまにか「カープの選手になりたい」という夢が、現実に近づいていたのである。

あの頃から24年という歳月が流れた、22年12月のことだった。

東京都内のホテルで、駒大の野球部ＯＢ会が主催した新井の激励会（出席者約４００人）が開催された。そのとき太田の気の利いたスピーチが会場を和ませた。

「カープへ行きたいと聞いたとき、〝グラウンドキーパーにでもなるのか〟と思った」

カープには、このシーズンにヘッドコーチに就任したばかりの大下、新井と同じく太田の指導を受けた野村謙二郎がいた。新井の情報は、彼らから球団に伝えられた。

太田はこう言う。

「あれから球団が、どう動いたのかは分からない。ただドラフト後に思ったことは、代わりにプロ入りができなくなった選手が一人いるんだなぁということだった」

ともかくその後、自前で主砲を育てたいと目論んでいたカープ（後述）が、その新井をドラフト指名することを決めた。

この世に生まれてくる物語というのは、ささいな出来事を繰り返しながら、やがてとてつもない大きなうねりを創り出していくものである。

第三章では、新井カープの船出をよく理解するために、彼のルーキー時代から４番の重責を担うまで、まるで劇画のように展開していった物語を、数々の証言や逸話を基にして描いてみたい。

第三章　打てない、守れない

「粗削りだが、すごいパワーを持っている」

球団内にこの情報が伝えられ、スカウトの渡辺秀武が動いた。〝渡辺秀武〟といえば、元カープのリリーフ投手で通算与死球のセリーグ記録（144）を持っている男である。彼は、のちにこう語っている。

「他球団のスカウトたちに言われましたよ。カープは、どうしてあんな選手を獲りに行くのかって……」

当時、新井に定評があったとすれば、「当たれば大きいが、確実性がない。守備も素人のよう」だった。しかし人の評価というのは、見方によって、その真逆の可能性も秘める。

渡辺の評価は、その真逆の方だった。これをポジティブに見れば「磨けば、光る」。そういう素材として評価したのである。

私は、入団後に、はじめて彼のバッティングを見たときの衝撃を、いまでもよく覚えている。

そのことが、新井という男との出会いだった。

フルスイングの打球の凄さ。表現は難しいが、打った瞬間にグラウンドの空気を壊してしまうようなド迫力があった。

この選手の魅力は限りない。そう思ったのは、私だけではなかったと思う。どこかカープファンの心をワクワクさせる。

この若者を応援したい。私の根拠の定かでない直観的な思いは固まり、その後、彼にインタビューを申し込むほどまでに高じていった。当時、その期待値は、圧倒的だったと言ってもよい。

猛特訓

学生時代に目立つ実績がなかったのに、新井はいきなりプロで1軍デビューを果たした。球団から見れば〝使いながら育てる〟というリスキーなやり方だったが、当たればチームが盛り上がる。そのときの監督は、就任したばかりの達川光男（当時44歳）。年齢で言えば、いまの新井よりも1つ若かった。そのためベテランコーチを含む、集団指導体制が採られた。

実は、その頃、カープ球団に若手を鍛え上げて育成していくというプログラム（強化指定選手制度）がスタートしていた。それは、戦力不足の弱小チームのやむを得ない戦い方だったと思う。入団直後、新井は、すぐにその強化指定選手に指名された。仕掛け人は同じ駒大出身で、そのシーズンからヘッドコーチになっていた大下剛史（前述）である。彼は、厳しい練習を課すことで有名な「鬼軍曹」だった。

頭を丸めた新井。ノックの嵐のなかで、倒れ込んだ体に向かって容赦なく打球が飛んでくる。それを立ち上がって捕球しようとする新井。これが際限なく繰り返された。このシーンは当時、カープの猛練習を象徴するものとして、ＮＨＫをはじめ全国のテレビ番組で放映された。

この猛特訓について、当時、新井はこう語っていた。

「いつも心のなかで〝ありがとうございます〟って言っていました。だって人間、怒ることって一番体力がいることじゃぁないですか」

この種の厭みのない言動によって、彼はナインから愛された。彼の大声がグラウンド内に響く。それが他の選手たちを厳しくも、明るいムードにする。こうして彼は、チーム一番のムードメーカーになっていった。

当時、ナインの間で親しみを込めて呼ばれた愛称があった。それは「アラばか」。その名付け親は、それから23年後に監督のバトンを渡すことになる、当時のエース・佐々岡真司だった。

その練習ぶりについて、新井はのちにこう語っている。

「練習によるケガも恐いけど、それよりもケガを恐れて練習しなくなることの方がもっと恐かった」

もっとうまくなりたい。彼のプレーは、ケタ外れの練習量によって支えられていた。もし彼が練習しなくなったら、タダの人。このことは、これからの新井野球を知るうえで、かなり重要な視点になる。

なぜ頑張れたのか

では、新井はなぜそこまで頑張れたのだろうか。彼の心の底にあった本当の動機（本性）を知るために、私は、そこからさらに3、4年の歳月を要することになった。

彼がカープに入団してから、はじめての春季キャンプ。彼は前述の理由（強化指定選手）で、1軍メンバーに入った。しかしプロというのは、投げても打っても走っても、スピード感がアマとは全く違っていた。

気合を入れ過ぎた新井は、その第一クールでさっそくケガをした。そして沖縄から広島に送り返されてしまった。最初はそれでも〝何とかなる〟と思っていたが、とても何とかなりそうにない。

「自分は1軍にいてはいけないのではないか」

すっかり弱気になった新井を救ったのは、やはり2人の駒大の先輩だった。いまではスパルタ的な指導はやんわりと避けられるようになったが、たとえそれ風であったとしても、思いやりのあるやり方はある。

大下は、のちに〝わざとそうしていた〟と明かしているが、新井は猛練習に耐えることによって、選手としても、人間としても成長していった。

このときもう一人、同じ目線で新井を見ていた駒大の先輩がいた。それは、のちに監督になる野村謙二郎である。野村は、新井を呼んでこう言った。

「お前、まさか2軍に行きたいなんて思っていないだろうな」

野村は、完全に新井の弱気な心情を見透かしていた。新井が答える。

「はい、実はそう思っています」

このとき、あの温厚な野村が烈火のごとく怒った。

「だからダメなんだ！　堂々と胸を張ってやれ！　そんなことを考えているヒマがあったら、練習しろ！」

そのとき新井は、ようやくプロでやっていくための大切な何かに辿り着いた。はじめてプロの何たるかに気付いたと言ってもよい。

「自分で結果を出すしかない。周りを認めさせるためには、それ以外に方法はないのだ」

そう、上を目指すには練習しかない。新井がようやく1軍で居場所らしきものを見つけたのは、5月に入ってからのことだった。

それにしても…、私は思う。スポーツにおける先輩後輩の間柄というのは、かくも美しいものなのだろうか。大下にしても、野村にしても、自分たちが推した選手を一人前に育て上げたいという責任感以上のものを持っていた。それは、〝スポーツマンの魂〟のようなものだったのではないか。

その後、まるで我が子を育てるような厳しい指導は、新井がグラウンドに立つようになってからも続いた。

初ホームランで叱られる

１９９９年5月12日の巨人戦。ついにそのときがやってきた。

試合は、1回ウラの前田智徳の満塁ホームランでカープが優位に立っていた。その7回ウラ。場内に、彼にとってプロ入り８回目となる場内アナウンスが流れた。

「９番・ミンチーに代わって、新井」

巨人の投手は、ホセ。打席に入る前、長内孝コーチから「初球からいけ」と言われていた。しかし初球を見逃してストライク。彼は内心で、プロには凄い球を投げる投手がいると思ったという。

その４球目。ホセの投げたストレートが外角に入ってきた。新井は夢中でバットを振った。その打球が右翼手・高橋由伸の前を転々とした。これが新井のプロ初安打である。それは開幕から40日、８打席目のことだった。

この時点で、日本中の誰が、その18年後に彼の安打が２０００本に達することなど想像したであろうか。

同年6月6日。浜松市営球場で行われた中日戦で、ひざを痛めた江藤智に代わって、新井が初スタメンを果した。

打席に向かう前、あの大下コーチが檄を飛ばす。

「ストライクが来たら全部振れ、見逃したら許さん!」

そのシーズン。達川カープは、前半戦から数々の手を打っていた。長打力のある新井を起用し、打線の起爆剤にしたいというのも、その一つだった。

新井は、そのときのことを自著でこう明かしている。

「その頃は、相手投手ではなくベンチと戦っているような感じでした」

初球に甘い球が来た。しかし新井は、初スタメンで緊張しすぎていたせいか、バットが出なかった。ストライクコールのあと、ベンチから大下コーチの声が聞こえた。

「このボケ! 何やっとるんじゃあ!」

そこは狭い地方球場だったので、彼の声がストレートに新井の耳に届いた。

「やばい! 今度見送ったら、本当に殺される」

次の球。外角高めに大きく外れるボールが来た。思わず、新井のバットが回ってしまった。空振り。またベンチから大下コーチの声が聞こえる。

「おまえはアホか! この野郎!」

このままではベンチに帰れない。彼は、次の球をともかくフルスイングした。そして全力疾走していたら、打球がレフトスタンドに吸い込まれていくのが見えた。なんと、試合を決める逆転3ランだった。

これが、フツーならめでたいはずの新井のプロ初ホームラン。ダイヤモンドを1周しながら、彼はこう思った。

「ベンチに帰れば、褒められる」

しかしベンチの一部に、全く違う空気が漂っていた。彼は大下コーチから、初球の見逃し方と2球目の空振りについてメチャクチャに怒られた。

彼は早くも、プロというのは「結果オーライ」ではダメなのだということを知った。〝過ちの功名〟とでも言うのだろうか。若い選手にとって、そのことを教えてくれる鬼コーチがいるというのは、ありがたいものである。

いまでも新井監督は、若い選手を結果だけで判断しない。それはアウトかセーフかの問題ではなく、長いスパンで見たときの本人の成長（技量）の問題だからである。

その後、新井は、首脳陣の期待に少しずつ応えていく。特に一発当たったときの打球の凄さは、群を抜いていた。

ただファンをそれなりに楽しませてくれた達川カープは、2年連続でBクラスに沈み、次の体制への移行を余儀なくされた。

号泣

2001年。新井はついに子どもの頃から憧れていた山本浩二と、監督と選手という間柄で出会うことになった。彼は自著でこう記している。

「ミスター赤ヘルと呼ばれた浩二さんは、広島で生まれた僕にとって、子どものころからのスーパースターだった」

03年。金本知憲の阪神移籍によって、ついに山本監督が決断した。まだ早いと思われていた新井を「カープの4番」に据えたのである。

そこに至るまでのカープの育成計画は、功を奏したかのように見えた。しかし一人の選手を球団の構想どおりに育成するというのは、並大抵のことではない。

新井は、徐々に肉体と精神のアンバランスに悩むようになった。つまり、どうやってみても素直な気持ちでバットが振れなくなったのだ。

「4番の座」というのは、決して大声を張り上げて肉体を鼓舞するだけでは、維持しえなかったのである。彼は、全く打てなくなった。そして「4番の不振」は、そのまま「カープの不振」に繋がっていく。

これをメディアがしつこく書き立てる。しかし、それでも山本監督は動かなかった。

「カープに真の4番を育てる」

山本浩二の執念は、5月頃までメディアでもそれなりに評価されていた。しかし6月頃から様子が変わりはじめ、次第にバッシングへと変わっていった。

その頃のやりとりが、新井の自著に描かれている。彼は、ある試合の前に広島市民球場の監督室に呼ばれた。

「まあ、座れ」

そう言って、山本浩二が口を開いた。

「お前、苦しいか？」

そう言われた瞬間に、新井の目に涙が溢れ、言葉が出なくなったという。

「つらいか？　苦しいだろう。でもな、おれもお前と同じ経験をしてきたんだ」

その言葉を聴いて、新井は号泣した。そして涙が止まらなくなった。

彼は、こう述懐している。

「全く打てなくなった僕を、我慢して70試合以上も4番として使い続けてくれた浩二さんこそ、本当につらかったはずです」

そしてオールスター戦直前の中日戦。山本監督が、ついに動いた。当時、絶好調だったアンディ・

シーツを4番に据えたのである。

04年2月。あのとき私が新井にインタビューを申し入れたのは、そのことを踏み台にして逞しく成長していく彼の姿を描きたかったからである。いまでもあのときの悔しさが、彼の成長の源流になったことを確信している。

彼はその後、山本浩二の指導の下で、次第にセリーグを代表するような打者になっていく。

果たせなかった恩返し

05年。新井は、ようやく不動の4番に定着した。その男っぽい雰囲気は、打席に入る前、打席に入ってから、そして打ち終わってから〝新井の打ち方〟として表現された。つまり彼の打席には〝華〟があった。そしてその姿が絵になる。

「空に向かって打つ」

その「これでもか」というくらいバットを強く振り抜く姿は、当時の少年たちの目に鮮やかに焼き付いた。

このシーズン。新井は142試合に出場し、541打数165安打（打率3割5厘）、43本塁打、94打点。彼は、山本浩二以来となる6試合連続ホームランを放つなど、このシーズンのホームラン王を獲得した。

苦節6年。長かったような短かったような……。カッコ良く言えば、ようやくカープの〝眠れる獅子〟が覚醒したのである。

しかしその一方で、せっかく若き4番が誕生したのに、チームの成績は振るわなかった。05年のチーム成績は、58勝84敗4分け（借金26）。セリーグ最下位。この成績不振の責任の矛先は、当然、山本監督に向けられた。

同年10月。山本浩二という人格に全幅の信頼を寄せていた松田元オーナーが、ついに動いた。カープはここで、起死回生の手を打つ。彼はチームのムードを一掃するため、球団史上2人目となる外国人監督（マーティ・ブラウン）を起用した。

「ホームラン王がいるのに、なぜ上位にいけないのか？」

ブラウン監督のチーム改革は、その後、広島の街をブラウン色に染めていく。そして彼が唱えた〝オールイン〟（前述）は、巷の流行語になった。

繰り返すが、プロ野球における主役は市民・ファンである。そのため、すべての選手の力を最大限に引き出し、それをファンのために一つの方向に結集していくこと。ブラウン監督は、この当たり前のことを実践した。

２００５年と06年。この2シーズンだけで、新井は68本塁打を放ち、１９４打点を挙げた。この時点で、彼はもう、球界を代表するスラッガーに成長していた。

新井は言う。

「ボクが4番を打てるようになったのは、浩二さんのお蔭です」

彼が恩人として名前を挙げるのは、入団したときの監督（達川光男）でもなく、まるで親のように指導してくれた鬼コーチ（大下剛史）でもなく、自身のピーク時の監督（マーティ・ブラウン）でもなかった。

あのとき4番の責任が果せず、凡打の山を築いた新井を、辛抱強く使い続けてくれた山本浩二への感謝の気持ちは、おそらく生涯、消えることはないと思う。

彼は言う。

「浩二さんを胴上げしたいという気持ちは、人一倍強かった。でも、とうとう5年間で1度も果たせなかった。それどころか、最後は最下位チームの監督として送り出すことになってしまって……」

再び、新井監督の就任会見のときの言葉である。記者に「山本浩二さんと話をされましたか」と訊かれ……。

「浩二さんには、一番に報告の電話をしました。〝大変じゃけど、頑張れよ。何かあったら、相談に乗るから〟と言って頂きました」

長いジェットコースター人生のなかで、山本浩二の存在は、別格だった。いま新井は「カープを日本一にして、山本浩二に恩を返す」という絶好の機会を得て、打席に入ったところである。

リーダーの自覚

新井が勝てないチームで奮闘していた頃、私は、旧広島市民球場の一塁側スタンドに足しげく通っていた。

そのお目当ての一つは、当時、2000安打に近づいていた前田智徳のプロフェッショナルな打撃を、つぶさに観察することだった。

ただ、そのとき一番多く目に入ったのは、忙しく動き回る内野手の姿だった。守備につき、一人ずつアウトを取っていくたびに、彼らの動きが目に入る。子どもの頃から野球を見続けてきた私にとって、それは、ある種のエンターテイメントだった。

そのとき気が付いたことがある。それは、内野手のなかで「一番本気で野球をやっているのは新井ではないか」ということだった。

アウトを取ったあと、内野手だけでボール回しをする。そのとき彼は、次のアウトを取りに行くために、わざと気合を入れている。ただ元気よくボールを回しているだけではなかったのである。

例えば、投手が痛打を浴びたとしよう。彼はすぐに投手に近づいて声をかけた。そのとき何を言っているのかは知る由もなかったが、これが彼のルーティーンのように見えた。

その頃、カープの主力投手だった高橋建（現2軍投手コーチ）は、自著『カープの建さん』のなかでこう書いている。

「新井は、後ろに守っていて欲しい選手だった。サードでドン臭いエラーをしても〝スミマセン〟と元気よく言う。ピンチになると、明るい調子でよく声をかけてくれた。そんな姿を見せられると、こちらも頑張ろうと思えた」

ある試合でのことだった。当時、〝若きエース〟と呼ばれていた大竹寛が連打を浴びた。直後、大竹が力なく肩を落とす仕草が素人目にも分かった。

そのときの新井の行動は、のちに何度もテレビ画面で放映された。彼はマウンドに向かい、人目も気にせずに本気で、大竹を叱った。そのとき新井が何を言ったのか、いまでも定かになっていない。ただ私が想像するに、こんな言葉だったのではないか。

「オレたちが守っているんだ。しっかり戦え！」

もちろん大竹は、一生懸命に投げていた。問題を感じさせたのは、打たれた後の仕草と表情だった。打者と戦って打たれた場合は、仕方がない。しかし戦わずして（逃げて）打たれたとしたら、その姿勢は許せない。そんなやりとりだったように見えた。

その頃、野手のリーダーを自覚しはじめた新井のある種の格闘は、その姿からよく伺えた。強いチームなら話は別だが、弱いチームゆえの切ない格闘だったと思う。

いったい何のために戦うのか。ここにきてようやく、新井が猛練習に耐えてきた熱い思いが素直に伝わってきた。彼は〝はだしのゲン〟ではないが、目に見えない大切なもののために、全身全霊を傾けて戦っていたのである。

覚えておいてほしい。彼の物語は、この点を知っておかないと、なかなか理解しえない。この頃から、彼の心のなかにチームリーダーとしての自覚が芽生えはじめたことは確かである。

弱いチームゆえの格闘、意地……。実はここに、とてつもなく大きな意味があった。それが、その後の物語の中心を流れる川になる。

最初は小さな川の流れでも、その人が出会った環境、相手、状況などによって、それが大河の流れに変わることがある。

金本を追って

おそらくこれから書く物語は、２００２年に阪神の監督に就任した星野仙一の野心から書きはじめるのが分かりやすいと思う。

オールドファンならご記憶だと思うが、まるで劇画を見るように監督に就任した星野は、球団を巻き込んでチーム改革に乗り出した。カープの金本知憲を獲得したのもその一環で、彼の強い意向だったと伝えられている。

星野監督の思惑どおり、金本の猛練習ぶりは阪神の選手に刺激を与え、徐々にチームの雰囲気を変えていった。

その結果、毎シーズンのように下位に低迷していたダメ阪神が、まるで別チームのように生まれ変わった。そして甲子園球場に連日ファンが殺到し、プロ野球全体が息を吹き返したように見えた。

2年目の03年。阪神は18年ぶりにセリーグ優勝を果たした。そして何より特筆すべきだったのは、プロ野球界だけでなく、社会全体に阪神ブームを巻き起こしたことである。

05年。ようやくその前年（中途）から阪神の4番に座っていた金本が大ブレーク。そして星野阪神は、再びセリーグを制した。

金本は、いつしかチームメートから〝アニキ〟と呼ばれるようになり、押しも押されもせぬ不動の阪神の看板選手になった。というより、球界を代表する打者になった。

この光景を、対岸で指をくわえるようにして見ていたのが、その金本からカープの4番を引き継いだ新井だった。

「金本さんのようにやってみたい」

遡って、新井がカープに入団した頃、いつも彼の目の前にいた金本は、新井とは全く別のタイプだったが、同じく大学出身で下位指名（１９９１年４位）の無名選手だった。

金本は、新井に勝るとも劣らない猛練習によって這い上がっていく。この姿が、いつしか新井のお手本になった。そして、目に見えない子弟関係のようなものが生まれた。

金本に続きたい。時間が経過するにつれ、その思いが段々と強くなっていく。しかもあの頃は、どう考えてみても、カープで優勝できそうな気配がなかった。また球団にそれを求めてみても、実現しそうな雰囲気もない。

いま考えてみると、そういう幻想みたいな思いすぎが、彼の頭のなかを支配してしまったのだと思う。

こうしてカープ一筋を自認していた新井の心のなかに、ＦＡ権行使を考えるに至る土壌が出来上がってしまったのだ。つまりカープファンから見ると、知らぬ間に、あらぬドラマの舞台が整ってしまったのである。

次章で書くのは、その後、数々の劇的シーンを生むことになる、新井のちょっと切ない「阪神への移籍物語」である。

第四章　野球人生の分岐点

そのシーンは7年間も、カープファンの心のなかに悪夢のように居座り続けた。しかし刻《とき》は流れ、やがて名画のワンシーンのようにセピア色の思い出に変わっていく。

2007年11月8日。唐突なニュースが、広島市民を仰天させた。一体なぜ……? その真相は〝カープ史のミステリー〟として永遠に葬り去られてしまうのではないか。多くのカープファンはそう思った。

市内の高級ホテルの1室。当時、カープの4番だった新井が、記者会見に臨んだ。おそらくカープ選手の会見史上、これほど気まずく重苦しい空気が流れたことはなかったと思う。

ダークスーツに身を包んだ新井が、神妙に口を開いた。

「本日、私、新井貴浩はFA権を行使する書類を球団の方に提出させて頂きました」

さっそく一人の記者が訊いた。

「いまの心境をお聞かせ下さい」

ここから先のシーンは、その後も、新井に関するTV番組が放映されるたびに使われた。現に、あれから15年が経過した監督就任(22年)の報道のなかでも、度々登場した。それが、彼の野球人生の最大の分岐点の一つだったからである。

あまり思い出したくはないが、そのシーンを再現してみよう。実はそのとき、記者の質問に対する言葉が出てくるまでに、20秒間という長い時間を要した。

場内に静寂と沈黙が続いたあと、彼は絶句し、目から大粒の涙を流し、そして嗚咽しながら声を振り絞った。

「つらいです。本当に、つらいです」

記者の質問が、容赦なく続く。

「何がつらかったのですか?」

この質問は、新井の心情を見透かしたような心無いものだった。しかし、そのときの一言がファンの心に少しだけ届いた。

「カープが大好きなので、つらかったです」

こういう会見に接するのは、カープファンにとってもつらいものがあった。ファンはこの会見によって、はじめて彼の本気を知った。

涙の真相——刹那の思い

会見はさらに続いた。しかしはっきり言って、その後は、全くやりとりになっていなかった。つまり彼がなぜ大好きなカープを去るのか、全く分からなかったのである。

そのときの本人の心境については、諸説があった。その諸説の一つに過ぎないが、当時、私は次のようなものだと考えていた。

カープの主砲になった新井は、本気でチームを強くすることを考えていた。しかし所詮、彼は選手のなかの一人にすぎない。なかなか彼の考えが、球団の思いとピタリと一致することはなかった。そのことを伺い知るヒントは、会見のなかにもあった。

「環境を変えて、自分自身、野球人として前に進みたかったです。しびれるような場面で熱い勝負がしたい」

この言葉のウラを返すならば、カープでは、それができないということだった。私はそのとき、内野手のボール回しで本気で〝活〟を入れていた姿、さらに大竹を叱ったときの表情まで思い出した。

こうして彼は、プロ入り以来9年間もお世話になったカープを、フツーではありえない理由で去っていった。その日、広島の街に流れた説明のつかない怒り、驚き、哀しみが交錯する空気は「たかが一選手の移籍話」というレベルのものではなかった。

新井は、思ったことをそのまま表に出すタイプの、いわば直線型の男である。つまりいったんそう思いはじめると、ブレーキはかかりにくい。そのことは、あのとき日南取材をドタキャンされた私にとって、十分に理解できることだった。おそらく球団側と、何らかのわずかなボタンの掛け違いがあったのだと思う。

その後、新井がカープに復帰した翌年（２０１６年）のことだった。開幕直前のカープ特集番組のなかで、地元ＴＶ局の人気アナが新井にこう訊いた。

「あのときの涙の意味は、何だったのですか？」

それは、それまで誰も訊かなかった、あまりにセンシティブな質問だった。しかし、それに答えるのに、新井の表情は穏やかだった。

「僕は生まれたときからのカープファンです。やっとカープのユニフォームを着て野球ができているのに……。会見の場に座って一言でも口を開けば〝もう2度とカープに戻れない〟ことを実感していたのです。そうすると、涙が止まらなくなって……」

ようやく、あのときの20秒間のナゾが解けた。彼は、最後の20秒間まで惜しんでカープの一員でいたかったのである。

そのインタビューで、彼はこう付け加えた。

「もちろん〝お前が出たらダメだろう〟という自分がいた。もう一方で〝こんなことが決められないのか〟という自分もいた」

彼は、短い時間と、会見という独特の雰囲気のなかで、後者の心情を口にすることによって自分の〝歩む道〟に踏ん切りをつけたのである。

第二の金本になる

２００２年にＦＡ宣言して阪神に移籍した金本は、カープ球団史上、同時にタイガース球団史上、最も成功したＦＡ移籍選手の一人だった。

彼は、カープ時代を含めて前人未踏の１４９２試合連続フルイニング出場（世界記録）を達成し、日本野球連盟の特別表彰を受けた。

これは衣笠祥雄の２２１５試合連続出場とは異なり、11年間にわたり、たった１度の打席も、たった１球の守備も休まなかったという記録である。彼は〝鉄人〟そして〝アニキ〟と呼ばれ、阪神ファンから絶大な支持を受けた。

阪神ファンは、彼のバットによって何度夢を見たことだろうか。特に２００４年から08年にかけてのピーク時には〝神さま〟とも呼ばれた。

この金本のサクセスストーリーは、彼を師と仰いでいた新井にも大きな影響を与えた。阪神へ行って「第二の金本」になりたい。

こうしてＦＡ宣言した新井の移籍先は、阪神に決まった。08年からの阪神は、金本と新井のＷ主砲で打倒・巨人を目指すことになった。

その数年後。私は、偶然、新井の著書『阪神の四番』（ＰＨＰ新書）を目にした。そこに書いてあったのは、フッーでは信じ難い、しかし有り得ないことではないと思われるタイガース移籍の本当の理由だった。以下は、そこに書かれていた一文である。

「いまだから明かすけれど、優勝したいというのは、実は二番目の理由だった。タイガース移籍を決めた最大の理由。それは金本知憲さんの存在だった」

つまり彼は「金本と一緒に野球をやりたい」という理由で、タイガース移籍を決めたのである。実は、その理由はうっすらと想定できるものであったが、本人の著書に記されることによっていっそう明確になった。

ただ私には、それを知ったあとでも、どうしても釈然としないものがあった。その釈然としないものというのは、その後、彼の長い野球人生を通して、少しずつ氷解していくことになる。

史上最大のブーイング

2008年シーズン。最終年となった旧広島市民球場に、いつものシーズンとは違う雰囲気が漂った。カープ地元開幕戦（4月1日）が、皮肉にも新井が移籍した阪神との対戦になったからである。

この日、カープファンの目から見ると、タテ縞のユニフォームを着た新井がどうしても受け入れられなかった。それは、まるで巨人のユニフォームを着た黒田博樹、ヤクルトのユニフォームを着た前田智徳を見るような感覚だった。

それでも目の前の光景は、容赦なく粛々と進行する。はじめて広島市民球場の電光掲示板に、阪神の3番として新井の名前が表示された。そのときのカープファンの反応は凄まじいものだった。

それはカープファンにとって〝あってはならない文字〟に見えた。スタメン発表のときのこのような大ブーイングは、おそらく過去に例を見ないと思う。

彼がネクストバッターズサークルに入ったとき、再び場内に大ブーイングが起きた。まだ彼が打席に入っていないのに…である。そして、そのブーイングにかき消されるようにして場内アナウンスが流れた。

「3番 ファースト 新井」

彼が打席に向かって歩みはじめると、そのブーイングは地鳴りのようなものに変わっていった。私は半世紀以上にわたってカープを見続けているが、このような雰囲気になったのは初めてのことだった。

この新井への凄まじいブーイングの正体は、一体何だったのだろうか？　その答えは、それほど複雑なものではなかった。

それは紛れもなく、これまでカープファンが彼にかけてきた並々ならぬ愛情の裏返しだったたのである。特に、4番打者になった直後にカープファンの期待を裏切り続けた新井への愛着は、わが子に対するそれに近かった。言ってみれば、出来の悪い子ほど可愛い…の図式だったのである。新井が、堂々とした4番打者に成長したのは、この前年の07年シーズンのことだった。

「見たか！　これがカープの4番だ！」

カープファンはみな、あの打てなかった新井が、汗と涙でここまで成長した姿に、言葉では言い尽くせない〝誇り〟のようなものを持ちはじめていた。

なのに、その可愛い息子が、突然、自分を育ててくれたカープを去ると言いはじめた。カープファンにとって、愛する息子に裏切られたような思いが、そのとき頂点に達したのである。

その怒号と罵声は、しばらく止むことはなかった。特に象徴的だったのは、グラウンド内に彼のカープ時代のユニフォーム（レプリカ）が投げ込まれたことだった。係員が、慌ててそれを拾いに走る。

あのときのことを、彼は自著（前述）でこう綴っている。

「僕は勝手にカープを出て行った人間。追い出されたわけではなく、自分の都合で出て行った。ずっとカープ一筋と言い続けていたのに、カープファンの気持ちを無下にし、チームをあとにした。〝本当にごめんなさい〟という気持ちしかなかった」

いまになって振り返ってみると、あの凄まじいシーン（怒号）は、あまりに切なく美しい選手とファンの人間ドラマだったように思う。

あのときは確かに、球場全体に漂った空気のなかに、独りの選手の気持ちと、無数の素直な人間の感情が時空を超えて交わっていた。


この切ないシーンを、阪神を応援する三塁側スタンドで、息をひそめるようにして観ていた夫婦がいた。それは3人兄弟の長男として新井貴浩を育てた母（美智子）と父（浩吉）だった。のちに美智子さんは、こう語っている。

「阪神の選手として広島市民球場に戻ってきた息子に、球場を覆うような大ブーイング。主人は立ったり座ったり、動揺していました。そのとき私は、貴浩の姿を目に焼き付けようと思いました」

その心は……。

「人間、どん底まで落ちれば、その下はない。愛されていたから、厳しい声が上がる。いつかは絶対によくなる。そんなことを考えながら、最後まで席は立ちませんでした。こういう運命に生まれてきた息子を親としてサポートしてあげないと……」

新井はその後、そんな家族のサポートを受けながら、もう一方でカープファンの冷めた視線を感じながら、よく踏ん張った。

あの日から丸15年。母・美智子さんは、いまカープベンチで健気に指揮を執る息子の姿をどう観ているのだろうか。そしてあの場で、大ブーイングの声を上げたファンの誰が、今日の彼の姿を予想したであろうか。

彼が阪神に移籍したシーズンの成績は、94試合に出場し366打数112安打（打率3割6厘）、8本塁打、59打点だった。

新井は8月に開催された北京五輪にも、侍ジャパンのメンバーとして出場した。そのシーズンの出場試合数が少なかったのは、そのためと、さらにそのとき腰を痛めたことによるシーズン終盤の欠場によるものだった。それでも新井は、北京五輪で日本チームの4番として本塁打を放つなど、堂々とその役割を果たした。

そのとき私は、あることに気が付いた。それは、北京五輪の野球をTV観戦しながら、まだ心のどこかで日本の「4番・新井」を誇りに思う自分がいたことだった。

阪神の4番

2009年からの3年間。阪神の新井は、全試合に出場した。そして年を追うごとに成績を伸ばしていった。10年4月18日。右肩を負傷していた金本が、ついに自ら申し出てスタメンを外れた。そこから2年間。安定感を増した新井が、堂々と阪神の4番を張った。

新井の野球人生において、カープ時代に本塁打王になった2005年からの2年間を1回目だとすれば、彼は、この頃から2回目のピークを迎えることになった。ただ、それでも阪神で4番を張るということは並大抵のことではなかった。

そもそも阪神ファンは、カープファンとはまるで違っていた。もしチャンスで4番が凡打に倒れたとしたら、ファンとメディアから徹底的に叩かれる。

例えば、チャンスで4番が三振してチームが負けたとしよう。スタンドから浴びせられるヤジや罵声は当然のことだが、翌日のスポーツ紙でボロクソに書かれる。これに耐えなければ、阪神の4番は務まらないのだ。

特に新井の場合は、相手投手の術中にはまる併殺打が多く、そのたびにスポーツ誌で酷評された。一時「併殺メーカー」というレッテルを貼られたこともあった。

それでも彼は2010年、自身のプロ野球人生のなかで最高の成績を残した。144試合に出場し570打数177安打（打率3割1分1厘）。19本塁打。彼にしては本塁打が少なかったものの、チャンスにめっぽう強く、自己最高の112打点を挙げ、打点王に輝いた。

正直に書くが、私は当時そんな新井が、やたら憎らしかった。どうしても心に引っかかるものがあったからである。

その理由を探ってみるとき、新井と同じくカープの4番からFA宣言し、巨人へ移籍した江藤智（2000年）、阪神へ移籍した金本（2003年）の例が参考になる。

彼らは、いずれもカープがドラフト下位で指名し、ファームから鍛え上げていった選手だった。二人とも人目につかないところで、血のにじむような努力をした。

ところが新井の場合は、幸か不幸か、入団からすぐにそのプロセスがファンに公開され、まるで劇画のようにドラマが創り上げられていった。言ってみれば、チームとファンが一体になって主砲を育て上げたのである。この点が、新井の〝お前が出たらダメだろう〟という心情に繋がっている。

もちろんFA権というのは、大切に保護されるべき選手の権利であり、本人の意思が尊重されなければならない。しかしそれも、時と場合による。一人の人間として権利を行使しないという選択肢もある。さらに新井の場合には、苦しいチーム事情も重なっていた。

その後の丸佳浩（2019年に巨人移籍）のケースは、彼の後釜として進境著しい鈴木誠也の存在があった。しかし新井のときには、カープ打線にポッカリと大きな穴が空いた。

それは〝人間の道〟から外れる行為なのではないか。これが多くのカープファンが抱いていた心情だった。

そんな頃、私は、テレビ中継の画面で不思議なシーンを目にした。それはカープとは何の関係もない対戦カード（阪神・横浜戦）だった。

この試合は、新井の猛打によって阪神が快勝した。そのとき阪神ファンの一人がスタンドで新井のユニフォームを高々と掲げて見せた。

そのこと自体は、ごくフツーの光景である。しかし、そこで人目を引いたのは、そのユニフォームがカープ時代の赤いユニフォームだったことである。

この阪神ファンのメンタリティ（心理）は、一体どんなものだったのだろうか。その答えは、いまはもう知ることができない。

ただその答えについて、思い当たるフシがないではない。19年にNHK「家族に乾杯！」という番組で、新井と一緒に北広島市（北海道）の住宅街を歩いたことのある阪神ファンの笑福亭鶴瓶は、独特の大阪弁でこう語った。

「広島から4番を取ったらあかん。金本も、でしょう。あんなええ打者、一生懸命に育てたカープに悪い。ずっとそう思っていましたよ」

そういう思いを持つことは、ひょっとしたら、この国で生きていくうえで大切なことなのかもしれない。

プロ野球選手会長

2008年。7代目のプロ野球選手会長に新井が選出された。

彼の話によると、それは北京五輪で日本代表の主将だった宮本慎也（前会長）から懇願されて引き受けたものだという。

第二章で書いた「学級委員の話」を思い起してほしい。彼には、子どもの頃から周囲の人を安心させるような人柄があった。その雰囲気というのは、年齢を重ねても変わらないものである。

彼は、プロ野球選手会長になってからも、各球団の選手たちから厚い信頼を得た。そして2011年、あの出来事を迎える。

日本人なら誰もが忘れない2011年3月11日。東北地方一帯が千年に1度と言われる大惨事（東日本大震災）に見舞われた。その頃、日本のプロ野球はオープン戦の真っ最中。当時、まだ被害の状況も把握できず、余震も続いていた。

プロ野球選手会を代表し、新井はこう提案した。

「プロ野球の開幕を延期してもらいたい」

そのとき、当時、巨人の球団代表を務めていた清武英利がものすごい剣幕でこう言ったという。

「キミは何を言っているのか。野球をやらないで、一体何をすると言うんだ！」

このとき新井は、コミッショナーとセリーグ球団を相手に、一歩も譲らなかった。そして世論が二分した。予定通りプロ野球を開幕すべきか、はたまた開幕を延期すべきか。

このとき決定打になったのは、文科省が日本プロ野球組織（ＮＰＢ）に対し、夜間ゲームの自粛を要請したことだった。これを契機に、世論は新井率いる選手会を支持する流れになった。

それでもセリーグは、わずか4日遅れの3月29日の開幕を提案する。しかし新井は、これにも応じなかった。そのときの新井の姿勢からは、〝正義〟と〝初志〟を全うしようとするスポーツマンのプライドと意地が感じられた。

結局、この1件はセリーグ側が折れ、先に4月12日までの延期を決定していたパリーグに合わせる形で決着がついた。

このとき感じたものがあった。新井には人間としての〝芯〟がある。正義感と言ってもいいかもしれない。その〝芯〟のようなものには、他者が入ってくる余地がない。

あのときプロ野球界の窮地のなかで、新井の人格がそのまま形になり、大きな役割を果たした。もし彼がいなかったら、日本のプロ野球は別の方向に流れていっていたかもしれない。こうして彼は、プロ野球選手会長として球史に名を留めた。

なぜいまさらこんな話を持ち出してくるのか。ここで書きたいのは、その人格が、これからカープを率いていくことになったからである。そのことは、心の隅に留めておいた方がよい。

カープの監督として、彼の信念を曲げない人格が、どのように機能していくのだろうか。言葉を代えれば、新井という人格を得て、カープはこれからどういうプロセス（メカニズム）で、どこに進んでいくのかということである。

思いがけないドラマを創る

広島の街に住んでいると、どこで何をしていてもカープの話で盛り上がる。なかでも監督の采配というのは、話のネタになることが多い。

そういう意味で、広島におけるカープの監督というのは、ある意味で、知事や市長よりも大きな役割を果たす…こともある。つまり街が元気になるかどうかは、カープの監督の采配に依るところが大きいのである。

これを裏返してみると、プロ野球の監督というのは、時々のファンの不平不満を一身で受け止める仕事でもあるのだ。

この点、新井は選手として百戦錬磨の体験を持っている。特に阪神の4番でファンから浴びた罵声などは、〝耐える力〟というのだろうか、大いに役立つと思う。

またあの頃、プロ野球選手会の会長を務めたことも大きい。なぜなら監督というのは、他者の意見にあまり惑わされず、しっかりと自分の意見（考え）を持っておくことが大切だからである。

この点、新井には筋金入りの〝芯〟がある。まず基本的に、この〝芯〟を外さないことが肝要である。ただその一方で、ほんの少しでいいと思われるが、ときには〝芯〟を外さないといけないときがある。つまり時々、他人の意見を素直に聞き入れなければならないときがやってくるのだ。

新井という人物に小さな不安を感じることがあるとすれば、実は、この点である。強い信念を持つあまり、もっと言えば一途になって、刹那的な危うい判断をしてしまうことがあるのでは…という小さな杞憂である。

ただ一方で、この世に完璧な人間などはいない。またその判断が、思いがけないドラマを生み人々を楽しませてくれることだってありうる。ここまでの新井の野球人生は、むしろそちらの方が勝っていたように思う。

この章の最後に、冒頭で書いた〝ジェットコースター人生〟について補足しておきたい。

実は、浮き沈みの激しい〝ジェットコースター人生〟といっても、他人が傍から見た場合と、本人が直に感じるそれとは、全く軌道が異なる場合がある。

例えば、カープファンから見た新井の頂点というのは、前半のカープ時代の活躍であり、後半のリーグ3連覇への貢献（後述）である。一方でドン底というのは、主にFA移籍から阪神時代のことを指す。

ところが新井にとって、阪神時代の打点王（2011年）などは、数ある頂点のなかの一つではないかと思われるし、またドン底というのが、カープファンのブーイングなのか阪神ファンのブーイングなのか、本人以外には知り得ない。

ただはっきり言えることは、彼くらい、激しくも楽しいジェットコースターに乗せてくれる野球人は、希少だということである。

これから大切なのは、新井という男が監督としてどのくらいの能力を持っているかということではなく、時の流れをどう読み、周囲の人たちの持っている能力をどう組み合わせ、どのように激しいジェットコースターの動きを活用・制御していくのかということである。

現時点、新井監督の采配というのは、スポーツの原点を感じさせるというか、特に勝ったときには子どものように楽しめる。選手と一緒にガッツポーズはするし、ベンチから身を乗り出して声を張り上げる。

4月7日の巨人戦。今季代打で初めて打席に立った堂林翔太が、左翼席に初ホームランを放った。そのときベンチに戻った堂林に、新井監督が満面の笑顔で声をかけた。

「かっこいいじゃん！」

かつてカープに、これほど親しみのある言葉を発する監督はいなかった。彼は選手と同じステージ（目線）で戦ってくれる稀有な存在である。

第五章では、自他ともに共有できたジェットコースターの頂点の一つについて書いてみたい。

そう、それは2015年に同時にカープに復帰してきた黒田と新井が、期せずして巻き起こした奇跡のV3物語である。

第五章　Vロードを開く——新井の闘魂

２０１４年12月27日。広島市民の目を疑うような電光文字が、おだやかな年の瀬の風景のなかに唐突に流れはじめた。

「黒田博樹 カープに復帰！」

そこから日本中が、米大リーグの20億円オファーを蹴って、カープに復帰する黒田の話でもちきりになった。その頃、もう一つのニュースが市民を驚かせる。

「新井貴浩 年俸２０００万円でカープに復帰！」

そこから広島市民の間で、新井を「許す」「許さない」の会話が日常的になった。ファンの声、メディアの論調……。広島の街が二つに割れた。

一般論で言えば、あまり野球を知らない人、過去に捉われない人、おおらかな人、周囲から善人と呼ばれる人、そういう人たちは、みな新井を歓迎した。

一方で、カープをこよなく愛する人、歴史にこだわる人、自己を主張する人、律儀で道徳観のある人、そういう人たちは、みな新井に冷ややかだった。

それは「男のなかの男」として、多くの日本人を虜にし、神のように崇められた黒田とはあまりに対照的だった。

あるオールドファンが、吐き捨てるように言った。

「まあ、やるならやってみんさいや！」

いまでも頭に残っているシーンがある。地元に「元就。」（中国放送）という人気テレビ番組がある。その主人公の田中卓志（アンガールズ）が、街を歩きながら広島弁でこうつぶやいた。

「わしゃー、まだ新井を許しとらんけんのー。まぁ、サヨナラホームランを2、3本打ってくれりゃー、話は別じゃが……」

この綿密に計算されたと思われるつぶやきは、当時の広島市民の偽らざる気持ちをピンポイントで表現していた。

その後、日本中が黒田フィーバーに包まれるなか、新井の話題を取り上げるメディアは、まるで海辺の波が引くように少なくなっていった。私は、そのことを〝無関心〟という名の抗議のように感じていた。

足が震える

８年ぶりにカープの春季キャンプに参加した新井の姿を見て、カープファンの心のなかに、ある種の感情が湧くようになった。

そのきっかけになったのは、彼のなりふり構わない猛練習だった。新井は7年という歳月が経過しても、その姿勢が全く変わっていなかったのだ。当時、すでに38歳を越えていたのに、彼は、若手と同じようにハードな練習を繰り返した。

しかも彼は、若手がグラウンドを去ったあとでも、居残り練習をした。休日も返上し、球場近くの坂道でランニングをして汗を流す。これをメディアが追う。

この光景は、いつかどこかで見たような気がする。そう、それは彼の入団直後の猛練習と同じだった。しかしその頃の彼とは、大きく異なる点があった。それは、球団からやらされる練習ではなく、自ら進んでやる練習だったという違いである。

取材陣に囲まれて、新井はこう言った。

「若い選手と同じことをやっていては勝てませんので……」

そして、神妙な表情でこう言う。

「カープへの恩返しのために、なんとかチームの役に立ちたい」

このときの新井の姿について、石原慶幸（1軍バッテリーコーチ）はのちにこう語っている。

「阪神から戻ってきた新井さんの練習を見て、身が引き締まるような思いがしたのを覚えています。他の球団でプレーしていた間に、取り組む姿勢など、自分としてはやっていたつもりでも、できなくなっていたことに気付かされました。それは、私の野球人生において大きな出来事でした」

ただ、それでも新井の出場が予想されるとしたら、三塁手しかない。その頃の三塁手の本命は、最も安定感のあった梵英心。対抗は、当時、著しい進境が期待されていた堂林翔太。最年長の新井は、その伏兵として位置付けられた。

3月27日のヤクルトとの開幕戦（マツダスタジアム）。その7回。彼は8年ぶりにカープの打者として、代打で打席に向かった。

「バッター・新井！」

そのコールに場内がどよめいた。あの球史に残る大ブーイングから、どこかモヤモヤ感が消えなかった7年という歳月は、いったいどのような形で顚末がつけられるのだろうか。

このシーンについて、彼はのちにこう語っている。

「僕がネクストバッターズサークルに入ったとき、ファンの声援が聞こえてきました。もう鳥肌が立って……。打席に入ってからも、両足が震えて止まりませんでした」

ヤクルトの投手は、エースの小川泰弘。その6球目だった。体を投げ出すようにして打った球が、小さな弧を描いてライト方向に飛んだ。しかしヒットにはならず、彼のカープ復帰の1打席目は凡打に終わった。それでも場内の大きな拍手は、凡打に送られるようなものではなかった。彼はこう語る。

「あの打席は、15年シーズンということだけでなく、自分のプロ野球人生のなかで一番忘れられない打席です」

やっぱり〝還ってきた息子〟というのは、何があったとしても温かく迎えたい。それがカープファンの情《こころ》というものであろう。

4月8日（マツダスタジアム）での巨人戦。彼は決勝タイムリーを放ち、復帰後、はじめてお立ち台に立った。そのとき彼は、複雑な表情を浮かべた。のちに語った彼の言葉である。

「まだカープファンの反応がどういうものなのか、よく分かりませんでしたので」

そのとき場内から声が飛んだ。

「お帰りー！　新井さん」

彼の表情が一瞬、緩んだ。そしてスタンドに向かって、少し控えめに叫んだ。

「ファンの皆さんに喜んでもらえて、本当に良かったです！」

これがきっかけになったように思う。その後、新井のしぶとい打撃は、いつのまにかカープの定番シーンのようになっていった。彼は、以前カープにいたときよりも、いっそう勝負強い打者になっていた。

予想しなかった4番

その後、故障で出遅れたエルドレッド、新外国人のグスマン、チームリーダーの丸佳浩、彼らの不振が、思わぬドラマを創り出すことになった。

ここまでチームのためにと結果を出し続けていた新井に、シーズン前では予想もしなかった大役が回ってきた。

４月17日の中日戦（マツダスタジアム）。ついに電光掲示板に「４番・新井」の文字が表示された。この８年ぶりの光景に一番感動したのは、本人だった。彼は、自著のなかでこう書いている。

「カープのユニフォームを再び着ることになっただけでも〝まさか〟だったのに、また４番で出場できるなんて、本当に〝まさか〟の〝まさか〟だった」

そのとき彼は、知人のカメラマンにこう頼んだ。

「スコアボードの写真を撮っておいて下さい！」

新井にとって、４番というのは〝そういう意味〟だったのである。その頃、彼がインタビューで答えていた言い回しが、いまでも私の頭のなかに残っている。

「ボールに食らいついていきました」

全くそのとおりの打撃に見えた。具体的に言えば、恰好なんかどうでもいい。とにかく体を回し、ボールが一番よく飛ぶタイミングからボール半個分くらい、捕手に近いところでボールを捉えている。

結果的に、そのボール半個分の間（遊び）が、確実性を増す彼の形を創った。ホームランが少なくなった分、反対に三振も少なくなった。

もちろんボール半個分長く待つということは、勇気のいることである。揺るがぬ自信に加え、投手を見下ろすような気持ちの余裕が必要になってくるからである。

若い頃は、がむしゃらに打ちに行く積極打法だった。しかし還ってきた新井は、初球のド真ん中でも平然と見逃した。投手がどう攻めてくるのか、見極めるためだったのだと思う。

相手投手の心理を読む。若い頃に最も苦手だったことが、その頃の彼の身上になっていた。従って、彼は打席に入ってからムダな動きをしない。素振りもほとんどしなかった。

ただひたすら鷹が獲物を狙うように、ジッと相手投手の仕草を鋭い目で睨みつけている。なんという進化だろうか。それは、以前の彼とは全く違う新たな〝4番の姿〟だった。

多くのカープファンがいつのまにか、8年前と同じように彼の打席を楽しみにするようになった。私も、これらのシーンを観てこう思った。

「新井はホンモノだ。ひょっとしたら、カープの雰囲気を変えてくれるかもしれない」

カープに復帰1年目の新井は、多くのファンの予想を覆すように、125試合に出場した。そして426打数117安打（打率2割7分5厘）。7本塁打。57打点。カープの全打者のなかで一番の成績を残した。

加齢とともに本塁打の本数こそ減ったが、その粘り強い打撃は、8年前の姿と違って、まるで別人のようだった。

彼は、4月中旬に誰も予想していなかった4番の座についた。そして抜群の勝負強さを発揮し、幾度となくチームのピンチを救った。そして気が付いてみれば、彼はプロ野球史に名を残す2000安打まで、あと29本に迫っていた。

このシーズン、19代監督に就任した緒方孝市は、黒田、新井の復帰もあり、終盤までよく健闘した。そして10月7日。勝てば、3年連続Aクラス入りという中日との最終戦を迎えた。

この試合。エース前田健太が、7回まで無失点に抑えたものの、2番手・大瀬良大地が8回に痛打を浴びて失点。そのとき大瀬良が、ベンチで人目もはばからず涙を流した。彼を抱きかかえるようにして慰め続けた前田の姿が、やけに印象に残るシーズンだった。

いま振り返ってみると、それはカープ史の1ページが、音もなくめくられるシーンだった。その翌年（16年）に米メジャーのドジャースに移籍した前田の後を継いだのは、17年からエースと呼ばれるようになった、あの大瀬良だった。

チームを変えた〝本気度〟

翌2016年。一進一退のペナントレースで、カープに勢いをつけた試合があった。それは4月26日のヤクルト戦（神宮）である。カープに復帰して2年目の新井は、その試合前に2000安打へ王手をかけていた。

2回。5番のエルドレッドが、左中間に特大アーチをかけた。続く6番の鈴木誠也が、左翼席に。そして7番の堂林翔太が、バックスクリーンにアーチをかける。なんとカープでは11年ぶりの3者連続ホームランだった。

そして3回。これに応えるようにして新井が、成瀬善久のスライダーを完璧に捉えレフト線へ二塁打。こうして史上47人目（当時）となる2000安打が達成された。

この試合は、選手全員の思いが一つに束ねられたような試合になった。以降、3年に及ぶカープの快進撃がはじまったといってもよい。

6月。緒方孝市監督が、大ブレークした鈴木のことを「神ってる」と表現し、その言葉がたちまち流行語になった。さらに8月2日のヤクルト戦（神宮）。新井が、プロ入り300本目のホームランをバックスクリーンに運んだ。

このシーズン、鬼気迫る表情でタイムリーを放ち続けた新井は、四十路に近づいてから、なぜこれほどの成績を残せたのだろうか。

彼の予想をはるかに超える変身ぶりについては、これを根性論で語る人が多かった。しかし根性だけで、これほどの成績を挙げるのは難しい。

おそらくこれは人体論として、科学的に分析してみた方が分かりやすかったと思う。彼の体力づくりをサポートしていたトレーニングジム「アスリート」の平岡洋二代表は、当時、次のように語っていた。

「新井は、歴代7位の金本（当時・阪神監督）の安打数を超えようと思っているのではないか。鍛えれば、まだできる」。

新井は、言葉だけで「優勝する」「食らいついていく」などと言い続けていたのではない。それを実現するためには、どうしたらいいのか。彼は人間の肉体として、自らを極限まで追い込んでいた。球団もその彼の体にうまく付き合った。他球団ではあまり例を見ない「積極休養」という考え方を導入したのもその一つだった。

例えば、彼の猛打でカープが勝ったとしよう。その次の試合でも、同じような活躍を期待するのが自然である。しかし、彼の場合はスタメンから外れることが多かった。

もちろん相手投手との相性もあったが、カープ首脳陣は、予め彼の体力的な疲労を予測し、彼にインターバル休養を与えていたのである。

この〝個〟を活かす対策が、功を奏した。２０１５年の夏場に失速した新井は、16年にこれを完全に克服して見せた。

一方で、多くの人が語っていた新井の根性論についても考えてみよう。彼の気持ちの根底にあったのは、〝カープで優勝したい〟という強い執念のようなものだった。

そういう人並み外れた強い執念を持つようになったのは、そもそも子どもの頃から体のなかにあった〝はだしのゲン〟のような思いの他に、特に、阪神から自分を温かく迎え入れてくれたファンへの感謝の気持ちが大きかったからではないかと思われる。

広島以外に住む人たちからみると、彼の言葉はリップサービスのように聞こえたかもしれない。しかし広島に住んでいる人なら、多くがこの気持ちを肌で感じることができた。つまり彼は、マジに〝本気〟だったのである。

私はこの本気度が、カープナインの心を動かしたと確信している。本気で思う気持ちというのは、少なからず周囲に伝わる。

もちろん優勝するためには、目の前の試合に一つずつ勝っていかなければならない。16年シーズンのチームの空気は、新井の〝優勝したい〟という強い気持ちによって創られたと言っても過言ではない。

彼は自身が2000安打を打ったあとでも、安打数を加速的に伸ばしていった。そして〝ここぞ〟というときに、高い確率で打ってくれた。

このシーズンのチーム内のメカニズムは意外にシンプルで、彼の姿勢を間近で見た多くの若手、中堅選手たちが、目の色を変えて本気でプレーするようになったことによるチームのパワーアップだった。

神さま、仏さま、新井さま

8月7日の巨人戦。このシーズン初の4連敗を喫したカープは、2位巨人に4・5ゲーム差まで迫られていた。この試合に負けると5連敗。しかも巨人に3・5ゲーム差に詰め寄られる。

9回表まで6対7で巨人がリード。少しイヤなムードが漂いはじめた。しかしそのウラ、土俵際の2死から菊池涼介がソロホームランを放って同点に追いついた。

さらに2死1塁。この場面で、新井が打席に入る。彼は鬼のような形相をして、起死回生の決勝二塁打を放った。これでカープが8対7で逆転サヨナラ勝ち。おそらくこの試合は、16年シーズンの大きな分岐点の一つになったと思う。カープは新井の執念の一打によって、完全に息を吹き返した。

特にこのシーズンは、背番号25が打席に向かうたびに、誰よりも大きな声援が飛んだ。かつての4番は、自分を温かく迎え入れてくれたファンのために、すべてを捧げていた。新井への喝采は、これを肌で感じたファンの心の底からのお返しだったと思う。

「ありがとう、新井！」

場内が新井ムードに包まれる。そのときマツダスタジアムのスタンドで揺れていた1枚の定番のプラカードが心に残る。

「神さま、仏さま、新井さま！」

その雰囲気は22年シーズンの「村神様！」と同じだったのだ。

そして、そのときはカープが最後にリーグ優勝を果たした１９９１年から、実に９０９９日という気の遠くなるような長い歳月が流れていた。

広島が沸き、ファンが泣く。カープファンの誰もが、このシーズンの25年ぶりのリーグ優勝の功労者（ＭＶＰ）として、新井の名前を挙げることに躊躇はなかった。

それは正しく新井がプロ18年間、39歳になるまで一日も忘れることなく抱き続けた〝大志〟だったのである。


このとき〝新井号〟という名のジェットコースターは、一番高いところを誇らしげに疾走していた。しかし同時にこのシーズン、もう一つの〝カープ史に残る物語〟がフィナーレのときを迎えようとしていた。

日米通算２００勝を達成し、日ハムとの日本シリーズで、彼の最後の打者となった大谷翔平をレフトフライに打ち取るまで、カープで〝最後の一球〟までを投げ切った黒田博樹が、全国のファンに惜しまれながら引退した。

そして彼の背番号「15」の永久欠番が決まった。そのとき欠番の理由を語った松田オーナーの言葉が、印象に残る。

「成績だけではない。一般社会に影響を及ぼした価値観は、後世に遺すべき。何よりも、男気、プライドを感じさせてくれた」

このシーズンに美しく大きく結実した黒田と新井の友情は、新井が監督になったいまでも続いている。あのとき両雄が涙を流しながら抱き合ったシーンの写真は、カープ史に永遠に残る一枚になった。

その写真に関する、新井の言葉である。

「あの黒田さんが号泣されている姿を見て、僕も号泣してしまいました」

そうだったのか。どうでもよい話だが、私は長い間、２人の号泣の後先（順番）はその逆だったと思い込んでいた。

新井から鈴木へ

カープへ復帰3年目の17年シーズンも、新井のバットから数々の伝説が生まれた。その一つが7月7日のヤクルト戦だった。

３－８で5点をリードされたカープは9回、怒涛の反撃で2点差まで追い上げた。そして2死一、三塁の場面で代打・新井が打席に入った。

ここまで新井は開幕から4番を打っていたが、4月11日にその座を鈴木誠也に譲り、もっぱら〝代打の切り札〟として存在感を増していた。

この日も〝一振り〟にかけていた新井は、2－1のカウントから小川泰弘の外角の直球を捉えた。その打球がバックスクリーンまで届き、カープ起死回生の逆転3ランになり、神宮球場がまるでお祭り騒ぎのようになった。

この試合はのちに〝七夕の奇跡〟と名付けられ、17年のリーグ優勝だけでなく、翌年まで続く〝逆転のカープ〟の象徴になった。

いまから考えてみると、この頃に創られたチームの雰囲気は、すでに夢を実現した新井を次の次元に誘ってくれたように思う。具体的に書けば、このシーズンから新井の心のなかに、選手としてではなく、チームを引っ張っていくような新たな境地が生まれたといってもよい。

私がそのことを最初に感じたのは、当時、選手同士で打撃の助言などを交わしていた堂林翔太に関する彼のあらぬ発言だった。堂林は当時、スタメン、代打、代走などでそれなりに頑張っていた。

5月31日の西武戦。堂林はその季初となるダメ押し3ランを放ち、その後も好調を維持していた。ところがその4日後、三塁手を補充するというチーム事情で、堂林に2軍行きが言い渡された。そのときなんと新井が、間接的ではあったが「俺ではダメなのか」と愛弟子に代わって2軍行きを申し出たのである。

これは一選手としてはありえないことだが、チームとしてはありえないことではない。彼はそのときすでに、自分のことよりもチームのことを考えはじめていたのではないか。

その気持ちというのは、このシーズンから4番に座ることが多くなった鈴木誠也にも向けられた。4番という意味で言えば、当時、鈴木は、新井のライバルだったはずなのに…である。

4月11日の巨人戦（東京ドーム）。ついに新井に代わって、そのときまだ22歳だった鈴木が4番でスタメン起用された。

当時は、誰しも新井の休養日（前述）に、代役として起用されたものだと思っていた。しかし新井は、すでにこのシーズンでの4番交代を意識し、そのための行動に出ている。ベンチにいた新井が神妙な顔で、鈴木に声をかけた。

「おい、力むなよ」

彼は、鈴木が自分の若いときの二の舞を踏まないように、それ以降も、ずっとアドバイスを続けたのである。

その後、新井は8月23日の鈴木の右足首の骨折（離脱）によって、急遽、4番の座に返り咲いた。そして〝神がかり的〟とも言うべき、信じられない働きを見せた。とにかくチャンスに強く、鈴木の抜けた穴は全く感じさせなかったのだ。

こうしてカープは、5月に一度だけ阪神に首位の座を譲ったものの、6月から再び首位を独走。ぶっちぎりに近い形で、セリーグ連覇を果たした。

当時、私も一つのコーナーを担当させてもらったが、宝島社がカープ2連覇を記念して刊行した『カープ新黄金時代へ』というムック（マガジン＋本）の表紙コピーで、こう謳われた。

「今年も広島の街が真っ赤に染まる!! 強い、強い、強すぎる！ 最強赤ヘル軍団、激闘の軌跡！」

そのチームの陰になり日向になり、背中でナインを引っ張ったのが新井だった。因みにこのシーズン、その〝背中〟を象徴する一枚の写真がある。

それは、リーグ優勝を決めた試合後のこと。歓喜の渦のなかに、松葉杖をついた鈴木が加わった。レフト側スタンドのカープファンに挨拶に行ったあと、一人の選手が、歩きにくそうにしていた鈴木を背中に背負った。

そのとりわけ大きな背中の男は、七夕の日に代打逆転3ランを放った新井ではなく、わずか6日前に3打席連続ホームランを放ったエルドレッドだった。この微笑ましい一枚の写真は、その頃のカープのムードを象徴する大切な証になった。

現役引退

広い視点から俯瞰して見ると、２０１８年にカープ第二期黄金時代の完成形を見ることができる。野手では、田中広輔、菊池涼介、丸佳浩のいわゆる〝タナキクマル〟の後ろに、若き4番・鈴木誠也がどっかりと座る。

そして投手では、大瀬良大地、K・ジョンソン、野村祐輔らを軸にした先発陣に、当時、進境著しかったG・フランスア（22年退団）、一岡竜司、アドゥワ誠、今村猛（21年退団）らが中を継ぎ、最後を中﨑翔太が締める。

この頃のカープの強さについて、日本球史のなかで、名将と謳われた監督の言葉が残っている。それは1956〜58年にかけて西鉄（現西武）を3年連続日本一に導いた三原脩のメモに残された言葉である。

「打順というのは、各打者が各個に高打率を挙げるように仕組まれたものをもって最上とはならない。むしろ全体的な安打数は少なくても、得点能力が大であるのが望ましい」

そう、これこそ今に通じる〝繋ぐカープ野球〟である。この合理的な考え方は、古今東西、変わらないものだと思う。

「打って勝つのは当たり前。打たずと勝つのが本当の強さ」なのである。

以下に書くのは、このシーズンのフラッシュバックである。

はじめて開幕から4番に座った鈴木は、その3戦目で下半身の張りのため2週間の離脱。しかし円熟の〝タナキクマル〟がよく機能し、代わりに4番に座ったエルドレッド、松山竜平が共に踏ん張り、打線をつないだ。

5月11日。2軍スタートだった新井がようやく1軍に復帰。これにより、チームが一気に活気づく。6月30日には、丸が通算1000安打を達成。

8月には「3番の丸」と「4番の鈴木」がともに月間で2桁本塁打を記録し、松山、西川龍馬も調子を上げ、首位をがっちりと固める。

そして9月5日のことだった。カープ快進撃の精神的支柱と言われていた新井が、その季限りで引退することを表明した（後述）。

そして9月26日。カープはヤクルトを10－0で下し、はじめて地元マツダスタジアムでリーグ優勝を決めた。

その後、CSファイナルステージで巨人を破り、ソフトバンクと日本シリーズを戦ったが、1勝4敗1分けで4度目の日本一は逃した。

このとき田中広輔を中心にした〝走るカープ野球〟は、ソフトバンクの捕手・甲斐拓也にことごとく二盗を刺され、敗北を喫した。このことは、いまでも〝カープの忘れ物〟として、当時の中堅選手たちの心の隅に残っている。

いま新井カープが「日本一の奪還」を目指しているのは、その多くが、あのときの悔しさが動機の芯になっているからだと思われる。

シーズンが終わってからも、カープに2つの大きなイベントが待っていた。一つは、このシーズンの目の覚めるような活躍でMVPを獲得した丸が、巨人へFA移籍したことである。そしてもう一つは、ときにファンを哀しませながら、41歳になるまで広島→阪神→広島でファンを極限まで楽しませてくれた新井の引退だった。

その会見は、マツダスタジアム内でユニフォーム姿のまま、そして〝あのとき〟とは全く違った清々しい笑顔で行われた。以下は、そのとき印象に残った新井の言葉である。まず、引退の理由について。

「若手がすごく力をつけている。これから2年後、3年後、また5年後のカープを考えてみたとき、〝ボクはもう今年でいいんじゃないか〟と考えた」

そのときの素直な気持ちを訊かれ。

「15年に、とにかくカープのために少しでも力になりたいと思って帰ってきた。そのときは1年間やって力になれなかったら、すぐ辞めようと思っていた。4年間もやらせてもらい、優勝もさせてもらい、本当に周りの皆さんに感謝の気持ちしかない」

引退を周囲に相談したか？ について。

「黒田さんには、早い段階でそういう気持ちを伝えていた。現役（当時）では、石原くらいかな。ベテランとして残っているのは彼だけだったので、〝まだお前の力は必要だ〟と言って励ました」

そしてファンに対し。

「マツダスタジアムに限らず、どこの球場でも、打席に立つと大歓声をもらった。今年はそういう人たちを喜ばせてあげることができず、本当に申し訳ないと思った。また25番のユニフォームを着て応援してくれる人たちを悲しませるようになって、申し訳ない」

これらの言葉に接し、当時、私はこう思った。

「この物語は、まだ終わっていない」

なぜそう思ったのか。そのわけは18年シーズンの彼の折々の言動にあった。そのころから新井という男は、単にカープが好きだから…という理由だけで頑張れたのではないような気がしはじめていた。

その根底にあったのは、〝仲間を幸せにする力〟というか、同じチームでプレーする選手たちへの深い思いやりだったように思う。それを別の言葉に置き換えるなら〝人間愛〟ということになる。

この男は、そう遠くない将来、必ずカープに戻ってくる。ただその頃に思ったのは「黒田監督の下での打撃コーチ」ではないか、ということだった。

20年間の全力疾走

その日本シリーズが終わった晩秋のことだった。新井が地元スポーツ誌のインタビューに応えた。そのとき、記者がこう訊いた。

「数々の記録を残されましたが、現役を終えて、自身が誇れる数字はありますか？」

このときの新井の答えは、いかにも彼らしかった。

「誇れる数字は何一つないですね。ただ強いて言うなら、数字ではないのですが、全力疾走してきたことではないかと思います。野球に対する姿勢だとか、考え方だとか、そこに選手のすべてが出ると思っています」

新井という選手は、自分の記録に、あまり関心を示さなかった。ただひたすらに練習し、全力でプレーし、そしてチームの勝ちにこだわった。確かに、これが彼のすべてだったように思う。

そう思う一方で、彼の現役20年間の実績（表③。１２６ページ）を見てほしい。彼の出場試合（２３８３）、安打（２２０３）、本塁打（３１９）、打点（１３０３）、打率（．２７８）などは、カープ史で言えば、総じて山本浩二、衣笠祥雄に次ぐ数字である。

また大打者の勲章ともいえる本塁打王（05年）、打点王（11年）の他に、数々の表彰を受けている。セリーグＭＶＰ（16年）、オールスターゲーム優秀選手賞（02年）、同敢闘選手賞（13年、15年）、

表③ 年度別成績

年度	所属	試合	打数	安打	本塁打	打点	打率
1999	広島	53	95	21	7	14	.221
2000	広島	92	208	51	16	35	.245
2001	広島	124	313	89	18	56	.284
2002	広島	140	512	147	28	75	.287
2003	広島	137	488	115	19	62	.236
2004	広島	103	262	69	10	36	.263
2005	広島	142	541	165	43	94	.305
2006	広島	146	566	169	25	100	.299
2007	広島	144	556	161	28	102	.290
2008	阪神	94	366	112	8	59	.306
2009	阪神	144	558	145	15	82	.260
2010	阪神	144	570	177	19	112	.311
2011	阪神	144	550	148	17	93	.269
2012	阪神	122	460	115	9	52	.250
2013	阪神	140	476	127	15	70	.267
2014	阪神	94	176	43	3	31	.244
2015	広島	125	426	117	7	57	.275
2016	広島	132	454	136	19	101	.300
2017	広島	100	243	71	9	48	.292
2018	広島	63	114	25	4	24	.219
通算		2383	7934	2203	319	1303	.278

ゴールデングラブ賞（08年）、ベストナイン（05年、16年）等などである。つまり誰がどう見ても、すごい実績であり、すごい選手だったのである。

この頃、私が出演していたテレビ番組で「新井の野球人生」を振り返る特集が放映されたことがある。私に、最後の締めコメントが振られてきた。

「いろいろな感情が湧いてきますが、私にとっては〝一つの時代が終わった〟という感じです。特に、阪神から戻ってきてからの新井の姿からは、学ぶものがたくさんありました。将来こういう選手は、もう出てこないような気がします」

これを傍で聞いていた横山竜士（現・投手コーチ）が、番組後に冗談含みでこう言った。

「先生、〝一つの時代が終わった〟という表現は、私も使わせてもらっていいですか？」

しかしその後、彼がメディアでそう語るシーンにはお目にかかれなかった。そして人生の巡り合わせというのは奇なもので、あれから4年半が経ったいま、新井監督の傍に寄り添うのは、あの横山である。

そしてもう一つ、紛れもない事実がある。それは新井がカープを去ってからの4年間。その前年までリーグ3連覇していたチームが、一度もAクラスに入っていないということである。確かに、一つの時代（カープ第2期黄金時代）が終わったのかもしれない。

新井はルーキーから9年間の激動のカープ人生のあと、阪神に移籍し、7年間も十二分に活躍した。そしてカープに戻ってからの4年間は、総仕上げのような仕事をした。振り返ってみれば、見事な現役生活だったと思う。

当時、カープの主砲だった丸佳浩はこう語っていた。

「プロである以上、新井さんのような選手になりたいと思っています。守備にしても打撃にしても、執念のようなものが伝わってきます。野球に取り組む姿勢は、僕ら世代が学ばないといけないものだと思っています」

例えば〝球にくらいつく〟という姿勢は、いつのまにか彼のトレードマークのようになった。新井と言えば、全身で球にくらいつく執念の打撃である。

実は〝空に向かって打つ〟という打撃スタイル（フルスイング）からはじまった精神と身体の変遷こそが、彼の「バットマン物語」の本質だったように思う。

打者・新井の変遷が教えてくれたもの。それは、たとえ不器用であっても120％の力で戦い抜くこと。そして、そこに向かって全人格をかけて挑戦することだった。

彼が引退するときに思ったこと。それは、プロ入りする選手というのは、どういう能力をどれだけ持っているかということではない。それがたとえ他の選手より劣っていたとしても、「心の持ち方」「鍛錬の仕方」「耐える力」「継続する力」などを積み上げていけば、十分にそれを凌駕することができるのだ。そのお手本が、新井という野球人だった。

その後、彼は4年間、プロ野球解説者として活動した。特に印象に残っているのは、彼の〝選手をリスペクトする姿勢（言葉）〟だった。

たとえ三振したり、エラーしたりする選手がいたとしても、彼は決してネガティブな言葉を発しなかった。いつも優しく、前向き、ポジティブだったのである。

ひょっとしたら、チームをまとめる監督に向いているのかもしれない。その頃、まだ早いと思いながら、彼の今日の姿（監督）を思い描いたファンは多かったと思う。

３月12日。マツダスタジアムでのオープン戦。新井監督は、育成を含む13人のルーキー全員をベンチに入れた。そしてこう語った。

「試合前のシートノックを受けてもらって、１軍の雰囲気を味わってもらいたい。もしチャンスがあれば、どこかで出してあげたい」

おそらく心のどこかで、彼らのなかから〝第２の新井〟が出てくることを願っていたのではないかと思う。

第六章では、彼がこのチームの監督として、どういう戦いを目指し、どう采配していくのかということについて愚考してみたい。

第六章　新井野球の核心に迫る

2023年3月に開催された第5回WBC（ワールド・ベースボール・クラシック）の国民的な盛り上がりが、日本のプロ野球を後押ししてくれた。そこに出場した選手たちのお陰もあり、とにかく話題の多いペナントレースが繰り広げられている。

カープでは、4年前の選手時代と同じ背番号（25）を着けた新井が、まるで何年も前からそうであったように、平然と指揮を執っている。

同じ駒大出身で、同じくカープの監督（第18代）を務めた10年先輩の野村謙二郎は、新井の選手としての特長をこう語っている。

「さらっと野球をするのではなく、自分の打ったときの喜びや、打てなかったときの悔しさを表に出せる選手だった。チャンスで打ったとき、サヨナラヒットを打ったとき、そして優勝して黒田と抱き合ったときなどは、まるで子どものような喜び方をした。人間としての表現力というか、〝喜怒哀楽〟をうまく表わすことができる。気持ちを表に出せるということは、すごく大事なことだ」

そして監督としての期待をこう語る。

「素のままの新井で頑張ってくれたら、それでいいと思う。とにかくカープファンが熱狂するように、共に喜び、共に悔しがり、そういうことをみんなで共有できるチームにしてほしい」

シーズン開幕から、目の前に野村の期待どおりのシーンが展開しはじめた…ように見えた。

家族のように

松田オーナー、球団幹部、さらには地元メディアまでが、好んで使う言い方がある。それは、チームの〝求める姿〟を表現するときに使う「家族のように」という言い回しである。

秋季キャンプ（22年11月14日）。新井がはじめてグラウンド内で選手を集めて話したときのこと。練習前に円陣の中心に立って〝もっと前へ〟と選手の輪を小さくし、彼はこう語りかけた。

「カープという家にみんなが住んでいる。やる時はとことんやる。苦しい時、悲しい時は共有する。グラウンドを離れた時は、明るく、楽しく……。みんな家族だから」

そして秋季キャンプを終えた21日。新井は、コーチ、選手、スタッフ、グラウンドキーパー、さらにはアルバイトも含めた裏方全員とハイタッチを交わし、秋季キャンプを締め括った。当時すでに、これらの姿勢から、新井スタイルのチーム運営を伺い知ることができた。

地元新聞も、当然のようにして、同じ表現を繰り返し使う。例えば、その秋季キャンプが終わった翌朝の新聞のリードコピーである。

「新井カープ。家族の絆を強め、来春への土台をつくる」

いま広島では〝家族〟という言葉が、カープのことを指すこともある。実は、この日常的な言葉が、このような使われ方をしはじめたことについては、地元TV局がその土壌作りの一翼を担っていた。

4年間の解説者時代にも、多くの現役選手から慕われていた新井のキャラクターに目を付けたRCC（中国放送）は、「RCC新井家族」というコンセプトを掲げ、時々のシリーズ特別番組を組んでいた。

毎シーズンの開幕前、「生放送だよ！新井《あらい》さん家《ち》」では、ほとんどの主力選手が登場し、亭主役を務める新井に向かって、開幕前の抱負を述べた。

そして年が明けると、VTR収録で「カープ初夢SP 新井さん家の新年会」が放映された。この番組のなかでは、数々のゲームが組み込まれ、日ごろ知り得ない選手たちの素顔や性格を見知ることができた。

広島の人々に親しまれたこの番組のイメージが、4年間をかけて、新井ファミリー・コンセプトを創り出したと言っても過言ではない。いまの選手たちのほとんどが、この番組を通して、すでに新井監督と気心が知れている。

そして、22年も同局のスタジオ内の特別番組で行われた「カープファン感謝デー2022」（11月23日）で、前年までインタビューする側だった新井が、監督としてインタビューを受けた。

その冒頭。新井から、台本になかった意外な発言が飛び出した。彼は、MCを含むスタッフ全員に逆に質問したのである。

「みなさんは、私が監督になると思っていましたか？」

しかし、この想定外の質問に応える者は誰もいなかった。そして、雰囲気を作り直したＭＣがこう訊く。

「新井さんの理想の家族像《カープ》というのは、どんなものですか」

新井がマジ顔で答える。

「家族と言っても、厳しく、温かくということが基本。僕自身、優しい男だと思うが、それは〝甘い〟ということとは違う」

このやりとりを通して、感じたことがあった。新井はどこか「監督として見返したい」という強い気持ちを持っている。そして〝家族〟というコンセプトを上手に、フル活用しようとしている。

そういう意味で、４年間、番組を通して作られた〝カープ家族〟というコンセプトは、かなり貴重だったといえる。

しかしその一方で、小さな心配ごともある。そういう親しみが〝馴れ合い〟という関係にならないかということである。〝家族のような関係〟というのは、一般的に良好な関係を指す場合が多い。カープファンとしては、それを信じて応援したい。

喜びの共有

新球場（エスコンフィールド北海道）のこけら落としもあって、23年シーズンも何かしら話題を集めるのが、日ハムの新庄剛志監督である。

21年11月の彼の就任会見のときには、大きな襟の白いシャツと赤系のスーツ。ファン感謝デーのときには、ランボルギーニに乗って華々しく登場した。

その型破りなファッションとユニークな言動は、その後も「新庄劇場」と呼ばれ、連日注目を集めた。これを一口で言うならば、彼は、プロ野球のすべての行動を〝興行〟（エンターテイメント）として捉えている。

一方、他のカープを除く10球団の監督は、多少の濃淡はあるものの、基本的に「チームを強くし、試合を興行として成立させよう」というものである。その前提のもとで発想の軸足が、それぞれ微妙に異なっている。

いまプロ野球において、どういうやり方が正しいのかということについては、そこに好みの違いはあったとしても、正解などはない。ただ思うに、おそらく現代社会というのは新庄的なやり方（演出）を求めているのではないか。

これまでプロ野球というのは、選手のプレーを中心に観客を沸かせてきた。拍手喝采を浴びるのは、あくまで選手のプレーであり、そこから生まれる感動や喜びである。監督の派手なパフォーマンスや奇抜な言動というのは、時にあっても悪くないが、基本、添え物にすぎなかった。

ところが22年の新庄監督の出現、そして23年の新井監督の登場は、〝プロ野球〟という名の興行が、これまでとは別の線上に描かれるのではないか…ということを示唆している。

その線上の軸になるのが、チームの戦略の〝見える化〟であり、ファンとの〝喜びの共有化〟である。

4月9日の巨人戦の4回。デビッドソンの4号ソロに続いて、田中広輔の1号ソロが右翼席に入った。両手を挙げて全身で喜びを表現した新井監督が、試合後、こう語った。

「広輔も嬉しいと思うけど、僕も嬉しい」

いまや選手との喜びの共有は、新井監督の得意技の一つになっている。

さらに新井の〝家族〟という言葉の概念のなかには、当然、同じ空間でチームを取り巻く市民（ファン）も含まれている。これは17年前にマーティ・ブラウンが唱えた〝オールイン〟の考え方の進化と考えてよい。

選手の自主性

22年の秋季キャンプ。紅白戦の3試合で、新井監督はメディアやファンがアッと驚くやり方を披露した。なんと守備位置、打順を、実際に戦う選手たちに任せたのである。

新井監督はメンバー表を見てこう漏らした。

「面白いやん。選手同士で決めたら、あーそうなんだ、その打順なんだと、意外な発見があった」

例えば、ある試合の紅組の2番は堂林だったし、全試合で両チームの4番を務めたのは、末包《すえかね》昇大と正随《しょうずい》優弥（楽天に移籍）だった。

実は、この種のやり方は、新庄監督の紅白戦でも見られた。彼の場合は、監督を近藤健介（ソフトバンクに移籍）などに任せるほどの自由さ（遊び）があった。

このやり方には、二つの利点がある。一つは、監督とは違う選手の目線・見方が分かること。もう一つは、選手に自主性を植え付けられるということである。

言われたことをやるというのではなく、選手自らが考え、プレーするということは恐ろしく大切なことである。むしろ、それなしで上達することの方が考えにくい。

そもそも巷の草野球に見られるような、原始的なホンモノ野球（?）では、監督などはいない。各自が思うように伸び伸びプレーするところに、このスポーツの面白さ（本質）がある。

日本には「杖にすがるとも 人にすがるな」という名言がある。また西洋（イタリア）にも「鳥は自分の翼で飛ぶ」という格言がある。

いずれも結局のところ、人に助けを求めず、自分の力で未来を切り開いていくしか道はないということを示唆している。つまり実際に戦うのは選手であり、監督もコーチもマネジャーも、そのやり方・道標を示しているに過ぎないのだ。

自己発芽力というか、生身の体のなかから自然に湧き上がってくる情熱こそが、スポーツの本当の力を生み出す源である。

例えば、カープ選手のなかで若くして頭角を現してきた選手たち（鈴木誠也や坂倉将吾など）はみな、他人に言われたことをやる習性は小さく、自分流の人並み外れた努力によって、現在の地位を得た。

つまり人間というのは元来、他人に教えてもらって〝コツ〟を掴むというようなことは稀なのである。それは、自分の力で人知れず鍛練していると、どこからともなく、ふと天から降りてくるようなものであることが多い。

がんがん振れ

このスポーツ（野球）の本質を極めるという意味で言えば、打者なら「バットをがんがん振る」ことからはじまる。つまり全身を使って、思い切りフルスイングすることである。

この点、新井監督は秋・春季キャンプで、若い打者に積極的に声をかけた。

「ボール球を振ってもいい。がんがん振っていけ」

実は、この指令の源になっているのは、本人の若い頃の体験ではなかったかと思う。新井のその頃の様子については、第三章で書いた〝猛特訓〟を読み返してみてほしい。

彼は言う。

「失敗してもいい。ミスしてもいい。ストライクを打って、ボール球を見極める。そんなのができたら、みんな3割打者だ」

新井によれば、バットを振り続けなければ、打ちにいって見極める力も身に付かないという。つまり強く振ることが打者の本懐であり、結局、成長への近道になるのだ。

そういう目で見てみると、カープにはいま、若い頃の新井にそっくりなタイプの打者がいる。その一人が21年に、彼と同じくドラフト6位で入団した末包昇大である。

私は、彼を〝新井二世〟と呼びたいくらいである。打球の鋭さ・速さで言えば新井。長距離の放物線の大きさで言えば、末包も負けていない。イメージとしては一直線の新井に対し、末包には体を柔らかく使う粘りがある。ついでに書くと、同じ年齢のときと比べると、守備は末包の方がうまい。

末包もまた、新井と同じくルーキーで開幕スタメンを果たした。そして、その試合で1本塁打を含む猛打賞で、ファンの期待を膨らませた。その後、彼は26試合に出場し69打数21安打（3割4厘）、2本塁打、14打点の好成績を残す時点まで、十分に1軍の戦力になっていた。

ところがその後、私は、やや不可解な采配に遭遇することになった。セパ交流戦直前に、末包が2軍に降格したのである。彼は交流戦でＤＨ出場すべき選手だと思っていたので、この采配には驚いた。

聞けば、その理由の一つが、同年5月18日の巨人戦にあったという。8回に代打で登場した末包は、デラロサが投げた3球の外角低めの誘い球（ボール球）のすべてにバットを振り、3球三振。そのシーンを観ていた私も、もちろん意識の持ち方と対応力が少々気になった。しかしルーキーとしては、これも試練の一つではないか。しかし首脳陣は、彼に「2軍で打席を重ね、変化球を見極める力（選球眼）をつける」という課題を与えた。もちろんこれは首脳陣の考え方なので、どうしようもない。

末包は2軍降格後、スランプに陥った。出場機会は増えたのに、凡打の山を築く。さらにその後、7月中旬に自身のコロナ感染によって2軍生活が長く続いた。そして8月2日にようやく1軍に戻ってきた。

1軍復帰後も彼は、よく打った。しかしボール球に手を出すというクセは、なかなか一朝一夕には直らない。彼はまた2軍行きになった。

いまでも2軍の由宇球場で、面白おかしく使われる言葉がある。「Ｕ（由宇）ターン」というのは、せっかく1軍に昇格したのに、すぐに2軍に戻ってくる選手や状況のことを指す。彼は一時、その「U（由宇）ターン」を繰り返すイメージの選手になった。

おそらく23年シーズンの外野手スタメンは、西川龍馬、秋山翔吾、野間峻祥を中心に起用されることになるだろう。

しかしこの布陣だけで、長いシーズンを乗り切るというのは、少しムリがある…というか、あまり現実的ではない。なぜならチームにはケガ人も出るし、途中出場の選手も必要だし、常に中・短期の代謝と適度な競争メカニズムが必要だからである。

つまり新井カープが本気で日本一を狙いにいくためには、最低でもあと二人くらいレギュラー級の外野手がほしい。その一人に末包を入れたい。

もちろん他にも中村健人、宇草孔基、大盛穂などがいる。しかしチーム事情からすると、やはり長距離打者の方が望ましい。なぜなら相手チームを叩くためには、できるだけ打球を遠くへ飛ばす打者が必要だからである。

言うまでもなく、打球というのは遠くへ飛ばすほど、野手のすき間が広がり可能性が大きくなる。特にホームランというのは、試合の流れを変えることが多い。

またカープというチームは、新井のときがそうであったように〝使いながら育てる〟という得意技を持っている。その際には、それなりの〝我慢〟が必要である。末包の空振り三振なんか、問題ではないのだ。

「ミス（三振）を恐れて、振らなくなることの方がもっと怖い」。このことは、新井監督自身が一番よく知っている。

走ることを忘れたカープ

それは驚くような数字だった。22年シーズンのカープの盗塁数が、なんと球団史上最低の26だったのである。かつて6割近くあった成功率も、たったの4割7分3厘。つまり半分以上が盗塁死したのだ。

この対策を考える前に、かつて走る野球を目指した頃の主なカープ選手の数字をおさらいしておこう。

もうこの選手の名前を知っている人は少ないと思うが、1953年にカープにやってきた金山次郎は、計3回も盗塁王になった。彼は50年（松竹時代）に74盗塁をマークし、通算での盗塁数は456に達した。

また足でファンを魅了した高橋慶彦は、85年に73盗塁をマークし、3回盗塁王になった。当時、彼の塁間を疾走する姿は、カープ野球の象徴になった。

別表④（145ページ）をご覧いただきたい。他にカープで3回以上盗塁王を獲得した選手は、野村謙二郎と緒方孝市である。カープの盗塁王に関し、特徴的なことが3つ（以下）ある。
①2017年までに優勝した8シーズンのうち、5回も盗塁王を輩出している。
②盗塁王を輩出した18シーズンのうち、Aクラスに入れなかったのは、わずか3シーズンしかない。
③1990～97年にそれぞれ3回ずつ盗塁王を獲得した人が、2010～19年まで10年連続で監督を務めた。

おそらく12球団のなかで、これほど〝走るイメージ〟をもった球団はなかったと思う。ところが近年、カープはまるで走ることを忘れたチームのようになってしまった。

もちろん球史を紐解いてみても、これほど走らなかったチームが優勝した例はない。新井監督が〝走るカープ野球〟の復活を目指すのは、至極、当然のことである。

第一章で書いたことを繰り返すが、球団はこの点を打開すべく、走塁のスペシャリスト・福地寿樹を2軍コーチに招いて、若手を徹底指導する体制を採った。そして、前年まで2軍を担当していた赤松真人コーチを1軍に上げた。

23年シーズンでは、赤松が一塁コーチボックスに、前年まで一塁に入っていた小窪哲也が三塁コーチボックスに立っている。一塁コーチボックスの赤松は、試合中にも一塁走者の近くで投手のクセなどをアドバイスし、選手の背中を押す。

これらの体制から、若手の指導は福地が、日々の実戦は小窪と赤松が担うことが分かる。さらに2軍では、廣瀬純と東出輝裕が兼任で走塁コーチの肩書を背負っている。そのため、カープには「走塁」を担当するコーチが計5人もいる。

このなかで特に重要になるのが、福地が2軍で担う盗塁技術の指導と、2軍の試合での実践訓練ではないかと思う。ここで失敗と成功を繰り返すことが大切である。

さらにもう一人。三塁コーチボックスに立つ小窪の役割は、非常に大きい。彼の微妙なタイミングでの判断によって、おそらく1シーズンで言えば、優に10点前後

表④ カープ歴代の盗塁王

年	選手名	盗塁数	チーム順位
1953	金山次郎	58	4位
1964	古葉竹識	57	4位
1968	古葉竹識	39	3位
1975	大下剛史	44	1位
1976	衣笠祥雄	31	3位
1979	高橋慶彦	55	1位
1980	高橋慶彦	38	1位
1985	高橋慶彦	73	2位
1989	正田耕三	34	2位
1990	野村謙二郎	33	2位
1991	野村謙二郎	31	1位
1994	野村謙二郎	37	3位
1995	緒方孝市	47	2位
1996	緒方孝市	50	3位
1997	緒方孝市	49	3位
2010	梵英心	43	5位
2013	丸佳浩	29	3位
2017	田中広輔	35	1位

の差が生まれてくると考えられるからである。

この点、新井監督はこう語る。

「いろいろな状況を判断しないといけないポジションで、すごく難しい。こちらとしてはミスがあってもいい。思い切ってやってほしい」

この〝ミスしてもいい〟や〝思い切って〟の深い意味（真意）について触れておきたい。実は近年、プロ野球における三塁コーチというのは、走者と一緒にプレーする大切な役割をもつピースとして認識されている。そのため、その役割をこなせるようになるまで、失敗経験も含めて長いキャリアを必要とする。

因みに、22年シーズンに三塁コーチボックスに立った河田雄祐（現ヤクルトコーチ）のケースでは、二塁走者が後続打者の安打で三塁ベースを回ってホームに突っ込んだのが92回あった。そのうち彼は、90回をセーフにした。この成功率97・8％は、両リーグを通してトップだった。

ファンをエキサイトさせる新井野球というのは、〝走ること〟からはじめなければならない。ギリギリのタイミングで三塁コーチが自重し、ホームに突っ込ませないようでは、チームの士気は上がらないのだ。その瞬間プレーにおいては、経験を積んだ1ミリ単位の正確な判断が必要になる。

もちろん〝走る〟ということは、単に盗塁数が多いかどうかという問題ではない。それは、走者が前に進もうとする意欲の問題であり、もっと言えば〝絶対に勝つ〟という気持ち（士気）の問題なのである。それは最後に、三塁コーチの的確な判断によって完結する。

23年シーズン。カープで最初に盗塁を決めたのは、昨季、盗塁ゼロのマクブルームだったし、4月4日の阪神戦では、菊池涼介が計4回も執念のヘッドスライディングを見せた。いま明らかにナインの意識が変わり、たとえ盗塁に失敗したとしても、ベンチに帰れば拍手で迎えられる。

オールドファンなら、75年のカープ初優勝のとき、監督自らが三塁コーチボックスに立ち「ぐるぐると左手を回した古葉の姿」を思い出すだろう。あのシーンこそが、生き生きと躍動するチームの象徴だったのである。

打者目線

新井は野手出身の監督なので、投手への直接指導は控える…というのが、常識的だったであろう。しかし、新井監督は違っていた。彼は、キャンプ中も足しげくブルペンに通った。いつも投手の状態を見ておくためで、時々若い投手に声をかけた。さらに自分が打席に立って、率直な感想を伝えることもあった。

その頃、ローテーションの一角が期待されていた遠藤淳志には、こう声をかけた。おそらく遠藤の頭のなかに〝高めはダメ〟〝ストレートは低め〟という固い信念があることを感じ取ったからだと思う。

「高めが全部ダメということではなく、高めでファウルが取れればいい。力強い高めというのは、打者が一番嫌がる」

ブルペンでフォークを多投していた松本竜也に対し、新井監督がチェンジアップを投げてみるよう求め、こう言った。

「打者というのは、詰まるのを嫌がる習性がある。球が内角にくることを想定してタイミングを取っているので、有効なチェンジアップがあれば、内角フォークにも反応する」

つまり自身の体験から、右打者の内角にフォークを落とすことの有効性を説き、松本へ変化球の配球について提案したのである。

このアドバイスを受けた松本はこう言った。

「頭になかった投球術（配球）だった」

シーズン開幕から、その遠藤は先発ローテーション投手、松本は信頼できる中継ぎ投手としてフル回転している。

今季の投手陣の編成は、後ろから組み立てていくというのが現実的となる。クローザーとして3年目を迎えた栗林良吏が、しっかりと固定されているからである。

因みに22年シーズンの栗林は、被本塁打ゼロ。セリーグの主な抑え投手のなかで唯一、本塁打を打たれなかった。そして被安打もわずか22本(うち長打４本)。その結果、被打率１割３分３厘は、新人王を獲った21年を２厘ほど上回った。これは２試合以上登板したセリーグの１６２投手のなかでトップだった。

ところがカープから一人出場したＷＢＣ２０２３の１次リーグ。栗林は「腰の張り」を訴えて、３月12日のオーストラリア戦のあとにチームから離れた。

「僕だけ登板がなかったので残念。悔しいし、期待してくれたファンに申し訳ない」

21年の東京五輪で全５試合に登板し、２勝３セーブを挙げて金メダルに貢献した日本の守護神にとって、無念のリタイアだったと思うが、彼はその２日後（14日）に赤いユニフォームでチームに合流。そして短い期間で戦列に復帰した。

栗林はこれからの長いシーズンを見据えても、よほどのことがない限り、カープの絶対的な守護神の座は譲らないと思う。問題は、そこへのつなぎ方である。

この点（つなぎ順）については、シーズン序盤、あまり固定して考える必要はないと思う。なぜなら最も安定していた８回セットアッパーの矢崎拓也（後述）が、左わき腹を痛め離脱していたからである。開幕からしばらくはＮ・ターリー、島内颯太郎、松本竜也、ケムナ誠、戸根千明らを総動員し、ケース・バイ・ケースでやりくりしていくことになる。

つまりこの布陣はペナントレースを戦いながら、徐々に2、3パターンに絞り込んでいくというのが現実的になる。

そして繰り返すが、このメンバーはいつも流動的で、カープに支配下登録されているすべての投手（ケガ人除く）にチャンスがあることを忘れてはいけない。

球数制限と積極休養

新井監督は、就任早々に先発投手の球数制限を公言した。この点は、大変好ましい。

ただ一方で、少し意外なフィーリングを持った人もいたかもしれない。もちろん近代野球において、球数制限は至極当然のことなのだが、彼が根性論を前面に押し出す熱血の采配をするのではなく、科学的で冷静なやり方を採ることを表明したからである。

おそらく彼自身が17年に採用してもらった、あの〝積極休養〟の考え方から生まれた効用について十分に理解を深めていたからだと思う。

この考え方は、かつてのマーティ・ブラウンと同じであり、先発ローテーションを担う大瀬良大地、九里亜蓮、床田寛樹、遠藤淳志、アンダーソンなどにとって、確実により良いパフォーマンスを引き出すことに繋がる。

思い返せば22年シーズン。3位巨人に0・5ゲーム差まで迫って臨んだ9月23日の阪神戦。大瀬良が、1回に4本の長短打を浴びて4失点し、2回で降板した。

さらに29日のヤクルト戦。当時、先発で最も信頼されていた森下が、6回途中まで2失点で粘ったものの、7回途中に中継ぎ陣が打たれ逆転負け。

次のヤクルト戦（30日）でも、九里が3回3失点で踏ん張れなかった。カープは先発3本柱を立ての3連敗。ここで事実上CS争いから脱落し、このシーズンの夢が絶たれた。

この苦い経験を振り返ってみると、やはり〝積極休養〟の考え方を導入しておくべきだったと考える。チーム失速の主因が、投手陣（特にベテラン）の体力疲労だったと考えられたからである。

もちろんこの考え方は、野手の會澤翼、菊池涼介、秋山翔吾らにも拡大されることが望ましい。

この効果についいては、主に2つが考えられる。

一つは、本人の休養（リフレッシュ）によって、より強力な新たなパワーが引き出せること。

もう一つは、彼らに代わって出場する選手たちの想定外の働きによって、チーム力が著しく向上する可能性があるということである。

プロ野球の各球団が毎シーズン、有能と思われる選手を複数入団させるのは、このメカニズムを有効に機能させるためでもある。つまり戦える選手層を厚くして、入れ替わり立ち代わり力を発揮してもらうためである。

考えてみると、何事も〝目に見えないところ〟に本質がある。美しい大樹には、大地にその何倍もの根が張っている。つまり1軍、2軍で線引きしてしまうような監督では、良い結果は生まれてこないのだ。組織全体をうまく機能させることによって、はじめて〝みんなで一丸になって戦う〟という形が実現するのである。

この点について言えば、新井監督は十分に合格点に達していると思う。多くの主力が出場した3月12日のヤクルトとのオープン戦。ルーキー内田湘大、清水叶人、河野佳、名原典彦、中村来生を大胆に起用した前例のない采配が、そのことの証である。

がむしゃら野球

毎シーズン、球団はペナントレースを戦うチームの姿勢を表すキャッチフレーズを設定している。近年では若者向けの感覚的で漫画チックなフレーズが多く、年配ファンにはしっくりこないものも多かった。

これが、23年シーズンには「がががが がむしゃら」（〝が〟5つ＋むしゃら）ということになった。相変わらず奇をてらった、受け狙いのフレーズのように見えたが、新井監督によると「がむしゃら」の最上級だという。

このキャッチフレーズを誰がどこでどう決めているのかよく分からなかったが、新年に松田オーナーがこう明かした。

「新井監督の現役時代を連想し、汗が飛び散り、泥にまみれているような文言・デザインにしました。監督をテーマにして検討し、決めたのは初めてでした」

もちろんこの種のキャッチフレーズが効いて、チームが強くなったというケースは稀である。しかし現時点で、新井野球を一言で表現するとすれば、比較的「がむしゃら野球」というのはそれに近い。

おそらく新井監督の下積み時代の猛練習や、現役時代の熱血プレーのイメージが強いからだと思う。彼のメディアへの対応、選手への接し方、ベンチでの挙動……。すべて人々が頭のなかに描くイメージどおりだった。

その新井野球が、実際にどんなものになるのかについて、この章で書いたことをまとめてみるとこうなる。まずチームを〝家族のような雰囲気〟でまとめる。そこに流れる空気を一つの方向に集中し、その勢いで戦いの流れを創り出す。

そして選手の自主性を重んじ、打者はフルスイングを心掛け、投手はストレートに研きをかけ、配球も工夫しながら自分のスタイルを作る。

走者になったら、勇気をもって次の塁を狙い、三塁コーチは挑戦的に手を回し、1回でも多くエキサイティングなシーンを創る。

一方で、先発投手には球数制限を設け、ベテラン選手には積極休養などによって過剰な負荷を避け、若手にたくさんのチャンスを与えて長いシーズンを戦い抜く…、といったような構想をベースにしている。

これは確かに〝がむしゃら野球〟と名付けるにふさわしい。さらに、これをもっと分かりやすく表現するならば、良い意味での〝最強の草野球〟と言えるかもしれない。

そこには、どこか崩れやすいもろさのようなものもあるが、一方でエキサイティングなホンモノ野球が楽しめるというワクワク感がある。

新井カープは、この〝がむしゃら野球〟によって、念願の日本一を達成することができるのだろうか。

第七章では、その可能性と道筋（シナリオ）について具体的に分析してみたい。

第七章　カープ日本一へのシナリオ

初陣の新井カープ。開幕からの戦い方を観て、率直に感じることがある。
彼の「褒めて伸ばす」という方針。ベテランも若手もフラットに見るオールラウンドな姿勢。これらは好感をもって受け入れられ、周囲の評判も決して悪くない。ファンの人気・熱狂も高いままの状態にある。

しかし、それでもシーズンを通して上位争いができるかどうかについて、楽観は許されない。長いシーズン、各チームの相対的な戦力の差がカギを握ることになると思うからである。

先発は大瀬良、九里、床田、遠藤、玉村、それに故障明けの森下などでローテーションは組めると思う。しかし矢崎の故障などで、中継ぎ、特に勝ち継投の投手が、まだ固定されていない。一方の野手陣は、菊池、秋山、西川、野間などの中堅、ベテランのメドは立っている。しかし一方で、彼らを脅かすはずの若手の伸びが十分でなく、平たく言えば、主力と控えの差が他球団に比べて相対的に大きいのだ。

これらのため、開幕前の専門家（解説者）の順位予想では、カープは大体5位か6位に位置付けられた。大きく期待を膨らませていたカープファンにとっては、冷水をかけられたような思いだったが、これが世間の現実だった。

そのような状況下。新井カープは、自身が選手時代にも経験したことのない日本一という大目標に向かって、どう戦っていくのだろうか？

2年計画

せっかちで気の早いファンには申し訳ないが、初陣の監督がいきなり優勝のテープを切るというのは、もちろん美しくドラマティックではあるが、そう簡単なことではない。

例えば、20年にヤクルト監督に就任した髙津臣吾が、2年目にリーグ優勝と日本一、3年目にリーグ2連覇を果たしたのは、1年目に一時打てなくなった村上宗隆を決して4番から外さなかったことなどと無関係ではない。

つまりできることなら、監督自身が打った手が大当たりするというような状況を創りたい。髙津監督は、村上がヤクルトを背負って立つような打者になるプロセスをチーム力のアップに結び付けたのだ。

また我がカープでも、15年に監督に就任した緒方孝市が、同年の〝黒田復帰〟で優勝候補と騒がれながら4位に甘んじ、そのとき学んだ教訓を生かし、2年目からリーグ3連覇を果たしたこと（後述）も参考になる。

つまり漠然と優勝を狙うということではなく、たとえ筋道は違っていたとしても、確と、具体的な思いを描いていかなければならないのである。

そのため私は、新井カープの日本一は2年以内でよいと思っている。もちろん3年以内でもよいが、その2、3年目に成績が著しく下がるようでは、希望は持てない。大切なのは、1年単位でモノゴトを前に進めていくことである。

ともかく優勝するためには、戦いながら〝何か〟きっかけを掴むことが大切になる。その〝何か〟については、外から他人が易々と決めることではない。

例えば、あとで分かったことだが、91年の山本カープの優勝の原動力は〝津田(恒美)のために〟という目に見えないチームの結束力だった。

そして21、22年のヤクルト連覇の原動力は、〝絶対大丈夫〟という指揮官の魔法の言葉と、22年に王貞治の本塁打数を抜いて、セリーグ最年少で三冠王を獲るまでに成長した村上のカリスマ性(圧倒的な存在感)をヌキにしては語れない。

つまりそのきっかけ、話題レベルというのは、年間流行語大賞を獲った16年の〝神ってる〟(緒方孝市、鈴木誠也)、22年の〝村神様〟(村上宗隆)くらいの圧倒的なものが望ましい。

その〝きっかけの芯〟については、選手個人の力によるものであっても、チーム内に流れる空気のようなものであっても、はたまた突発的な出来事であっても、つまり何でもよいのだ。

ただ言えることは、それは有・無形の戦略が、偶然に出合ったときの結晶であり、逆に言えば、決して監督が意図して易々と創り出せるようなものではないということである。

そこに理由のない因果とか、幸運とかが絡み合い、どこからとなく自然に天から降りてくるようなものであると考えておいた方がよい。その天から降りてくるもののために、監督は、日夜努力を重ねているのである。

もちろん一生懸命にやっていれば、結果は自然についてくる…といったような楽天的な考えをもつ人もいる。しかしプロ野球というのは、そんなに甘い世界ではない。まず優勝まで〝2年計画〟くらいを頭に描いておくのが、妥当なところであろう。

この点について、新井の大学時代の恩師・太田誠（駒大終身名誉監督）はこう語る。

「1年目から優勝なんてさらさら期待できない。いや、してはいけないんだ。球心、いまだつかめず。監督には、いろんな矢が飛んでくるぞ。新井よ、負けるな」

形を創る（センターライン）

どの時代であっても、カープが強いときには〝戦う扇形〟がしっかりとできていた。具体的に書けば、捕手を中心に投手、遊撃、二塁、中堅に至るセンターラインに堅い守りの形が出来ていたのだ。言ってみれば、これが扇の軸（芯）になっていた。

カープの第一期黄金時代（1975～84年）で言えば、前期には捕手・水沼四郎、遊撃・三村敏之、二塁・大下剛史、中堅・山本浩二。そして後期になると、ここに遊撃・高橋慶彦、二塁・山崎隆造などが加わった。彼らは、いずれもセリーグのタイトル争いを演じるくらいのレベルだった。

また第二期黄金時代（２０１６～18年）で言えば、捕手・石原慶幸、遊撃・田中広輔、二塁・菊池涼介、中堅・丸佳浩。いわゆる〝タナ・キク・マル〟がセンターラインをがっちりと固めていた。

このセンターラインが日替わりになるようでは、長期にわたって強いチームを維持することはできない。センターラインをしっかりと固め、その左右（一塁、三塁、右翼、左翼）を多少フレキシブルにして戦っていくというのが、プロ野球の常道の布陣である。

いまこれを新井カープに当てはめて考えてみよう。

捕手に坂倉将吾（會澤翼）、遊撃に小園海斗（田中広輔）、二塁に菊池涼介、中堅に秋山翔吾。もちろん彼らは、すでに一定のレベルにある。

ただ思うに、これらの選手がセリーグのタイトル争いに加われるかどうかについては、まだ確たる自信が持てないというのが正直なところであろう。

つまり彼らが、チーム不動のレギュラーであるというレベルでは困るのである。彼らがリーグを代表するトッププレーヤーとなり、タイトル争いを演じるくらいでないと、優勝の二文字は見えてこないのだ。

この点について、私は以前、同じ番組でコメンテーターを務めていた元カープの木下富雄さんから、よく諭されていた。私がいつも、カープのことを肯定的に話していたので……。

「迫さん、カープもいろいろ手を打っていますが、他の5球団はそれ以上の手を打っていますよ」

そう、チームの力量というのは、相手チームの戦力との相関で語られなければならないのだ。あの頃の貴重なアドバイスは、いまでも私の心のなかに生き続けている。

阿吽の力

それでも思う。ここ2年のうちにカープが優勝する可能性は十分にある。個人的な見方を書かせてもらうならば、このドラマの中心になる選手の一人は、菊池涼介ではないかと思う。その根拠について書かせてもらう。

私は、22年頃からの菊池の一味違うプレースタイルに感心している。菊池と言えば、かつて初球から積極的に打ちに行く〝先制パンチ打法〟が多かった。ところがこのところ1、2球目は、たとえ真ん中付近の直球であっても、手を出さないことが多い。

おそらく彼は、そのときの試合の流れ、ランナーの有無（動き）、相手の守備位置、そしてもちろん投手の球筋、球威、表情など、すべてを把握（確認）しているのだと思う。

遡って14年。〝キクマルコンビ〟という言葉が使われはじめた頃。菊池か丸かのどちらかが打つと、必ずもう一方が打った。つまり安打が繋がったのである。

私は当時、この奇妙な現象を自著のなかで〝相互刺激装置〟と名付けた。野球というのは本来、そういうスポーツだと思う。

さらに言えば、このところの菊池には、リーダーとしての自覚が滲み出るようになった。試合の流れに責任を感じていると言うか、その場で自分がどういうプレーで何をすべきかがよく分かっている。

ランナーを次の塁に進めるための徹底した右打ち、そして状況を打開しようとする強引な引っ張り。ときにはベンチのサイン以外のプレーもする。菊池は、そのときチームに求められる最適のプレーに徹しているのである。

もちろん失敗するときもある。と言うか、確率的には失敗の方が多いわけだが、プレーの一つひとつに納得性がある。

思い起こしてほしい。こういう菊池の姿は、カープがあまり強くなかった03〜05年の頃、内野で孤軍奮闘していた新井の姿とダブって見える。

さらにいま〝キクマルコンビ〟ではないが、菊池と秋山の連携が面白い。「あっちがこう出るなら、僕はこう打つ」。年齢も近く野球観が似ているせいもあると思うが、二人の間に目に見えない糸のようなものを感じる。

もしここに同じ空気のなかにいる野間峻祥を加えるならば、いまのカープは「菊池（K）・野間（N）・秋山（A）」のKNAトリオが創り出す〝戦う空気〟が面白い。その空気が、ひょっとしたらカープを一段と強くするかもしれない。

この点、選手（菊池）と監督（新井）の間でも、同じような空気を感じるときがある。こういう空気は、やがてカープの大きな武器になる。菊池自身もこう語っている。

「若い子（選手）とのパイプ役、つなぎ役として監督と会話しながらチームをまとめていきたい」

この空気の広がりによって、選手間に思いもよらぬ化学反応が生まれ、新井カープを一気に押し上げてくれる可能性は十分にある。

言ってみれば、〝新井家族〟の亭主の力は知れていたとしても、その息子たちが〝阿吽の力〟で、チームを強くしてくれるという図式である。

日南キャンプの最終日。スタッフも含めた全員がグラウンドで円陣を組んだ。そのとき声出しを担当した菊池が、カープ家族の〝阿吽の力〟の大切さを訴えた。

「一人ひとりが明確な目標を持ち、勝つために何が必要なのかをしっかり考えて行動しよう。そして優勝を狙おう！」

この最後に、彼らしいジョークを付け加えることも忘れなかった。

「胴上げで軽々と上げられるよう、監督にはダイエットをお願いしまーす」

秋山と坂倉

新井カープの浮上のきっかけを作るという意味で言えば、私は23年シーズンのキーマンに秋山翔吾を挙げる。

それは22年シーズン途中（6月）のことだった。FA市場にほとんど興味を示さなかったカープ球団が、日本球界へ戻ることを表明していた秋山を獲得するというニュースが、日本中のファンを仰天させた。

当時、この想定外の大物の獲得は、同年のセパ交流戦で惨敗（5勝13敗）したことが影響していたと囁かれたが、ここにきて新井カープの目玉になる可能性が出てきた。

入団直後、彼はこう語った。

「球団の方に〝秋山獲得には意味があった〟と思ってもらえるような数字を残したい」

途中加入した秋山は、わずかな調整期間を経て、すぐに1軍に合流。やはり前評判どおり勝負強かった。得点圏打率は4割。特に走者を三塁に置くと、その打率は5割3分3厘にまで跳ね上がった。

ただ十分な調整期間がなかったためか、良い状態を、シーズンを通して維持することはできなかった。結局、22年シーズンは2度の体調不良の離脱があり、44試合に出場し打率2割6分5厘、

5本塁打、26打点の成績に終わった。

しかし私が注目したのは、彼が西武時代（15年）に達成した日本記録となるシーズン216本の最多安打のときに見られたような卓越した打撃技術…ではなかった。私がフツーでない興味を持ったのは、彼の野球に対する考え方であり、取り組み姿勢だった。

その考え方というのは、あのとき西武、ソフトバンクも手を挙げたなかで、金銭面を考慮せず、カープを選んでくれたときに自身が語った。

「球団本部長（鈴木清明）の人柄、侍ジャパンで一緒に戦ったキク（菊池）、アツ（會澤）、コウスケ（田中）がいた。チームスポーツである限り、考え方が似ている人が多いことに安心感があった」

彼が入団してから、秋山獲得の真相が、地元のTV番組で菊池の口から語られた。

「秋山の情報を得たとき、昼夜の時間差も考えないで、すぐに電話をしました。〝一緒にやろうよ〟と言って、球団にそのことを伝えました。あとは球団が交渉してくれて……」

私はフツーでは表で語られない話を聴き、いまグラウンド内に漂っている彼らの〝阿吽の力〟の正体の源を知ることができた。

いまカープには、その秋山が関心を寄せる選手が、菊池の他にも何人かいる。その一人が野間峻祥であり、西川龍馬である。彼は、野間についてこう語っている。

「彼の打席での粘りに、すごさを感じている。1番打者（当時）の役割を理解し、簡単には振らない。野間の立場なら好きなようにやっていいのにとも思ったが、カープというチームの環境がそうさせるのだと思う」

同じく西川についても、本人に問いかけたことがあるという。それは22年11月、侍ジャパンの強化試合で、西川の三塁頭上を越す軽打を見たときのことだった。

「本人にどのくらいの力のイメージで振っているのか、右足の着く位置はどうしているのか聞いてみた」

ただ、その際の配慮も忘れていなかった。

「選手によっては、人に聞かれると、それが頭に残ってしまうことがある。なるべく聞かないようにしているが、オフのタイミングだったので……」

おそらくカープというチームの環境が、その種のコミュニケーションを可能にしているのだと思う。秋山は、23年シーズンの覚悟について、こう語っていた。

「しっかりと個人成績を残さないと、話に説得力が出ない。打順の前後を打つ選手、そしてナインみんなとコミュニケーションをとってチームの力になりたい」

4月15日のヤクルト戦。1点をリードされた9回ウラの2死一塁。秋山は初球を振り抜き、左翼席へ逆転サヨナラ2ランを放ち、広島市民を歓喜の渦へ誘った。

もう一人の〝ショウゴ（将吾）〟もまた、23年ドラマの主人公に躍り出る可能性がある。22年に主にホットコーナー（三塁）を守った坂倉将吾は、全試合に出場しカープ球団から野手のなかで最も高い評価を受けた。

彼は21年のセリーグ打撃成績2位（3割1分5厘）に続いて、22年も9位（2割8分8厘）に入り、2年連続の2ケタ本塁打（16本）を記録した。

彼の打撃の特徴は、下半身をどっしりと固定させ、自分のスイング軌道を信じ、武士が刀を抜くようにしてバットを振り抜くところにある。

つまり安打欲しさに当てにいくようなことはなく、ボール球に手を出すことも少ない。彼はバッテリーがサイン交換するときすでに、相手投手に目線を合わせ、その間、微動すらしない。

この形は、これまで計り知れない時間と量の練習を積み重ねてきた自信の表れではないかと思う。この「静」から「動」へのシャープな動きは「打撃の教科書」のように見える。

そのため彼の打球には本当の凡打が少ない。安打にならなかった場合でも、野手の正面をつくライナーや、外野フェンス際で捕球される打球が多い。これらを分析し、一部の球団が〝坂倉シフト〟を敷いた。

私は思う。カープで左打者のお手本と言えば、かつては「昭和の山本一義」であり、「平成の前田智徳」だった。しかし、いまは秋山や西川ではなく「令和の坂倉将吾」ではないか。

22年シーズン、彼は捕手と三塁手（一塁手）で守りの二刀流をこなした。しかし23年シーズンは捕手専任を志願し、新井監督と思いを一致させた。

ただその一方で、カープには會澤というレベルの高い正捕手がいる。実は、そこにあえて挑戦しようとする坂倉の心意気が、他のナインに何かしらの影響を与え、チームの雰囲気を変えていくというドラマ展開は十分にありえる。

いつもナインに安心の空間を与え、インサイドワークに優れ、そしてイザというときに、とてつもない執念を見せる會澤の打撃。一方で、確率の高いプロフェッショナルな打撃でチームに貢献し続ける坂倉。新井監督が長いシーズンを通して、どのような采配（選択）をするかによって、チームの盛り上がり方が変わる。

このことのためには、坂倉の打撃が、想定をはるかに超える高いレベルで維持される状況が必要になる。彼は入団以来、タイプは異なるものの〝誠也二世〟と呼ばれ続けた。打撃に対する考え方、練習量など、目に見えない努力は誰にも負けないのだ。

坂倉を捕手としての成功も含めて、新井カープ浮上のためのキーマンに挙げるのも真っ当な考え方である。

エースと4番

チームにとってエースと4番は、クルマの両輪と言ってもいいかもしれない。

いまファンに「カープのエースは誰か」と訊くと、「大瀬良大地」と答える人が多いと思う。しかし少しずつ「森下暢仁」と答える人も増えてきた。

エースというのは、単に勝ち星をたくさん稼ぐ投手のことを指すのではない。勝っても負けても、イザ勝負のときにチームを背負い、意気に感じて投げる投手のことを指す。もちろんその投げ姿や、チームメイトからの信頼も大切になる。

森下は、19年にドラフト1位でカープに入団。20年はリーグ新人王。21年は東京五輪で主戦投手として金メダル。22年は先発で唯一ローテーションを守り続け、リーグ最多の178回2／3を投げ2桁勝利（10勝）を挙げた。そして球団の日本人投手として、23年ぶりとなる2試合連続完封も成し遂げた。

さらに森下は、秘かに狙っていたゴールデングラブ賞（投手部門）を獲得した。幾度もチームを救うスーパープレーを披露したからである。彼は、授賞式でこう言った。

「（受賞の）自信はありました」

22年の森下は、単に無失策だったということだけではなく、チームを勝ちに導く〝魂の守り〟

を見せた。難しい打球に全身で飛び込む。その姿に、多くのファンがチームを背負う執念みたいなものを感じた。

投球に関して、彼はシーズン終了後にこう語っている。

「チームを勝たせきれなかった。理想は1－0で勝てる投手。その流れを作れないのが自分に足りないところ。応援して下さるファンの皆さんに申し訳なく思っている」

私はいつも思う。彼の受け答えを聞いていると、すでにその言葉がエース級である。このため球団の評価は高く、23年の年俸は球団最速（4年目）で1億円を突破した。

しかし彼は、右肘手術後の調整のため、WBCに向けた日本代表の強化試合への招集（22年11月）を辞退し、チームのためにリーグ戦の開幕に照準を合わせた。

ただこの状況下でも、新井監督は、慎重な考えを崩さなかった。

「ムリに開幕に合わせる必要はない。しっかりと段階を踏んで戻ってきてほしい」

一方の大瀬良は、不振だった22年シーズン（8勝9敗、防御率4・72）の反省から、23年シーズンは開幕投手への名乗りを避けた。そして本来の速球を回復するために、原点回帰を図った。その結果、ようやく150キロ前後の球速を取り戻した。

3月31日のヤクルトとの開幕戦。神宮球場のマウンドで、今季カープの第1球目を投げたのは、5年連続で開幕投手を務めることになった大瀬良だった。

もちろん大瀬良には、チームや投手陣をまとめていく役割がある。これからその座に挑戦しようとする森下との好ましい競争は、チーム全体を高めていく効果がある。

23年シーズンの森下は、かつて強気に語っていた自身の目標の数字や目指すべきタイトルをいっさい口にしていない。

「基準を決めてしまうと、そこがゴールになってしまう。チームとして何が最善なのかを考え、周りからそう（エースと）言ってもらえるようになりたい」

これからの1、2年間を考えてみたとき、カープのエース森下が、やがて新井カープを引っ張っていくことになるかもしれない。

いま新井カープで心配なことの一つは、チームに日本人の4番（長距離砲）のメドが立たないことである。これから具体的な育成計画が進められることになると思うが、この際、自身のときがそうであったように、思い切ったやり方が求められる。

当面は、マクブルームや新加入のデビッドソンに任せることはできる。また一時的に西川の力を借りることもできる。

しかしヤクルトの村上宗隆、巨人の岡本和真、阪神の大山悠輔（佐藤輝明）のような不動の主砲なくして、地に着いた強いチームを創ることはできない。と言うよりも、そういう打者を育成していくプロセスを内蔵しておかないと、チームが活性化しないのだ。

言うまでもなく、4番というのはチームを背負い、イザというときに一発を放ったり、流れを変えたりできる打者のことを指す。

例えば、いくら4打数4安打を放っても、チームが負けたらダメ。つまり単に打率が高い、ホームランが打てる、というだけでは役目を果たしたことにならないのだ。もちろんその際は、年間で打率2割8分、本塁打25、打点80くらいの数字はコンスタントに残さなければならない。

この観点で言えば、4番の育成には、とにかく時間がかかる。ある意味で、失敗（経験）を積み重ねていくプロセスが必要だからである。つまり、相当の〝我慢〟が必要になるのだ。

23年シーズンは、なんとか他の打者で凌げたとしても、長い目で見ると、やはりチームを引っ張る日本人の4番が必須になる。

現時点、カープには末包昇大、林晃汰、田村俊介、ルーキーの内田湘大などの選択肢がある。特に21年に10本塁打を放った林晃汰は、どこかスケールの大きいスラッガーの雰囲気を感じさせる。彼らの育成計画の成功こそが、カープの夢（日本一）を実現する近道を創ることになる。

個の力①（床田、矢崎）

チームが勝ち進むためには、代わる代わるヒーローが出てくるようなメカニズムが必要になる。

つまりベンチにいる全員が働く野球である。

そこで新井カープにおいて、私が注目する個々の選手４人（投手２人、野手２人）を挙げて夢想してみたい。彼らはいずれも、どこか野球ファンをワクワクさせるような、他の人にない「個の力」を見せてくれる選手たちである。

21年シーズン。ＮＨＫ（ＢＳ１）の番組「球辞苑」で興味あるデータが公開された。実は同シーズンの12球団の投手のなかで、床田寛樹が「ツーシームを打たれない投手ランキングの１位」だったのである。

彼の説明では、この球は人差し指と中指の微妙な加減によって2種類を使い分けているという。人差し指に力を入れる場合は、球をシュート回転させて内野ゴロに打ち取る。一方、中指に力を入れる場合は、フォークボールのような落ち方をさせて三振を奪いにいくのだという。

床田はこの球とは別にもう一つ、打者のインパクトの瞬間に、突然に目の前から消えてしまうような特有の球種を持っている。この球は、劇画の世界ではよく描かれるが、現実の野球ではなかなかお目にかかれない。

21年９月21日。巨人を完封した試合の最後の１球が、その〝魔球〟と呼ばれるパームボールだった。「あの球は何か？」。以来、私は、床田がその球を〝いつ投げるのか〟楽しみにするようになった。

パームボールというのは、手のひらにボールを乗せて人差し指と中指を浮かせ、スナップ（手首の力）を利かせないで投げる球である。チェンジアップの変形とも言えるが、球速が極端に遅いのが特徴である。床田の場合は、ストレートとの球速差が約30キロもある。真っすぐに見えて、球がチェンジアップよりも来ないのだ。

22年シーズン。彼が投げた全1707球のうち、ツーシームは39％、パームボールは9％だった。つまり半分近くが、得意とする2つの変化球だったのである。特にパームボールは決め球としてだけでなく、打者の目線やタイミングを外す目的でも使われ、要所で効果を発揮した。

22年8月3日のDeNA戦。彼は思わぬアクシデント（右足骨折）によって長期離脱を余儀なくされた。それでも8勝6敗（防御率2・83）の成績を残した。〝たらればᅳはないが、もしあの骨折がなければ、彼はゆうに12、13勝くらいを挙げていたと思う。

私は、入団以来、彼を観察し続けている。その根源的な理由は、どこか歌舞伎役者のような風貌と無縁ではない。この投手は、いつか見栄を切るようにして豹変する。いつもそう思っていたからである。

投手でもう一人、開幕前に左わき腹を痛めて戦列を離れた矢崎拓也の成長が目を引いていた。慶大エースから、16年にドラフト1位でカープに入団。ルーキーイヤーの初登板（ヤクルト戦）では、9回1死までノーヒットノーランを続けプロ初勝利。しかしその後、制球難に苦しみ長らく低迷した。

しかし22年シーズン、ようやく5年ぶりの2勝目に辿り着く。特に8月以降は、栗林良吏につなぐセットアッパーとして起用された。

いったい彼のどこがどう変わったのだろうか。私のTV観察によると、一点だけマウンドでの態度（姿勢）が変わった。何か口元で独り言をつぶやくような自己問答により、雰囲気が落ち着いてきたのだ。これによって投手と打者の力関係が、微妙に変わる。その結果、矢崎の打者に立ち向かう集中力がいっそう増したように見えた。

こうなると、全身を使って思い切り腕を振る150キロ超えのストレートと、鋭くタテに曲がり落ちるフォークボールが効いてくる。さらにダイナミックな投球フォームによって、平たく言えば、とんでもないボール球でも飛びついて空振りしてくれるような打者が増えた。このメンタルの変化について、矢崎はこう語っている。

「起きたことは起きたこと。打たれても四球を出しても、振り返らないこと。すべてを受け入れ、前を向いて全力で投げると気持ちが楽になった」

シーズン中に、ある解説者がこう言った。「矢崎は、球威よりも制球を磨くこと」。しかし、私は全くそう思わなかった。彼はこのシーズン、自らの荒れ球（制球難）を受け入れ、それをうまく活用することによって活路を見出した。

つまり多少の荒れ球でも、自分の球威に自信をもって投げ込めば、打者を抑えることができるのだ。球の行く先は、彼の気持ちが決めてくれる。

彼の強みは、苦しい時代から這い上がってきた雑草のような魂ではないかと思う。どの世界でも、自分の長所を活かすことが〝生きる道〟なのである。しかしその矢崎は、沖縄キャンプの最中（2月26日）に左わき腹の張りを訴えて離脱し、その後「左内腹斜筋・筋挫傷」と診断された。

開幕から勝ちパターンの一角が崩れたのは大きな痛手だったが、それでも復帰後は、矢崎が中継ぎ陣の外せないピースの一人になる。

個の力②（小園、西川）

22年シーズンの開幕から「3番・遊撃」で先発起用された小園海斗に対する前・佐々岡真司監督の執念の采配は、長い時間を経て、ようやく日の目を見た。
3、4月。小園は規定打席に達しながら、打率1割台に低迷していた。しかし佐々岡監督は、4月22日から打順を8番に下げてでも、彼を使い続けた。そこには確とした根拠があった。
その一つは21年シーズンに、高卒3年目にして134安打を放った恐るべきミート力の高さだった。小園は、結果はともかくとして、どんな好投手のどんな速い球にでも即応できた。

この瞬時の動きの鋭さは、天性的というほかはない。このため彼はドラフト会議で4球団から

1位指名を受けた。彼の反応力の高さは打撃面だけでなく、当然、守備面でも表われる。

入団当初はメンタルに起因していたと思われるイージーミスが多かった。しかし打球に対する瞬発的な対応力は、隣を守る異次元の名手・菊池涼介に負けないようなところもあった。報徳学園で彼を指導した大角健二監督はこう語る。

「彼は大舞台に強く、スカウトが視察に来ているとよく打った」

これもまた小園の魅力の一つである。つまり好機のときに、しかも好投手からよく打つ。言葉を代えれば、チャンスに強くスター性があるのだ。

一方で、ファンからよく聞かれる言葉がある。「なぜ初球から手を出すのか?」。確かに初球での凡打が多い。その点について、あの秋山はこう語っている。

「小園は初球から振っていくことが多いが、それを周りが認めてあげることが大切だ。彼のなかで失敗を積み重ねながら、経験を求めていく時期だと思う」

そう、ここ2、3年くらいまでならチームの勝ち負けは先輩たちに任せ、若者らしく積極的にバットを振り、果敢に走ることでもよい。

23年シーズン。小園は開幕から不振が続き、スタメンを外れることもあった。しかしこれは、誰もが通る〝試練の道〟ではないか。

もちろんまだ連携プレーや、走者へのタッチの甘さ（速さ）などに課題は残す。しかし、そんなに遠くない将来、彼はセリーグを代表する遊撃手になると思う。

打撃を究め、「悪球打ち」から決別する。以前から名人の〝曲芸打法〟として知られていた西川龍馬が、23年シーズン前に本気モードに入った。彼は言う。

「体に近い球は、打ちに行って見逃す。そして、甘い球は仕留める」

思い起こせば、西川の22年の開幕直後の目覚ましい活躍は、いまでも多くのカープファンの心に焼き付いている。3月27日。8回まで4－5でリードされたＤｅＮＡとの開幕3戦目。カープが9回2死満塁のチャンスを迎え、1番・西川が打席に入った。

「直球は捨て、浮いた球は全部振る」

その打球が、前進守備の右翼手の頭上を越え、走者一掃の3点三塁打になった。カープは大逆転し、開幕3連勝。西川は、その次の試合（3月29日阪神戦）でも9回に逆転サヨナラ2ランを放ち、カープ開幕ダッシュ（6連勝）の立役者になった。

ただその後（6月）、下半身のコンディション不良のため2か月も戦列を離れた。しかし復帰後は一時、4番を打つなどカープのポイントゲッターとして幾度となく感動シーンを創り出した。

22年シーズンの西川は97試合に出場し、打率3割1分5厘、10本塁打、53打点。わずかに19打席だけ規定に達しなかったものの、狙い球を絞って巧打を飛ばす技術は、伝説になるくらいだった。

彼の強みは1～8番までどの打順であっても、きちんと結果を残せるところにある。22年シーズンでは1番と3～6番を打ったが、どの打順でも打率が3割を超えた。

ともかく、彼が打つとチームが盛り上がる。西川の〝技ありタイムリー〟が出たとき、チーム内に得体の知れない〝勝利のメカニズム〟が活性化しはじめるからだと思う。その卓越した技術が、相手に予想以上のダメージを与える。

そういう意味で、本人は深く反省していると言うが、投手が自信を持って投じたワンバウンドのフォークボールを、いとも簡単にヒットにしてしまう独自の技術は、引退するまで維持してほしい。

23年シーズンもまた、背番号を「63」から「5」に変えた8年目の西川が、二人の外国人打者に挟まれて巧打を放ち続けている。彼がシーズン前に掲げた「打率3割、最多安打、25本塁打」は、さほど難しい数字ではないように思う。

小園にしても西川にしても、二人の〝個〟の力は、新井野球の頼みの武器になる。

歴代監督から学ぶ

〝歴史に学ぶ〟。新井カープの「日本一へのシナリオ」を考えるうえで、それに挑戦した人たちのカープ史を、ほんの少し振り返ってみよう。

まずチームをリーグ優勝に導いた監督は、過去に4人いる。それは古葉竹識（1975、79、80、84年）、阿南準郎（86年）、山本浩二（91年）、緒方孝市（2016、17、18年）である。チームを優勝に導くことが、監督の最大の仕事（評価点）であることを考えると、彼らから学ぶものは多いはずである。

再び、新井監督の就任会見のときの話である。記者から「理想とする監督像は誰か」と訊かれ、新井は少し考えてからこう答えた。

「どの監督を目指して…というのはピンとこない」

彼は、はっきりとそう答えた。自分に大きな自信を持つ人、心のどこかで他人の良いところをストレートに認めたくない人、さらにこれをもう少し別の言葉で表現すると、時々の思いで我が道を行く独創的な人……。私は会見のときに、そういう人によく見られる傾向を感じた。

この点について言えば、古葉は、優勝の前年（1974年）に、ともにカープのコーチに就任したルーツの考え方を徹底的に学んだ。そして監督になったルーツの教えを現場に取り入れた。彼の4回のリーグ優勝は、その結晶だったと言ってもよい。そしてその後、古葉の「耐えて勝つ」という姿勢や考え方は、カープ野球の原点になっていった。

86年にカープをリーグ優勝に導いた阿南もまた、就任後すぐに〝古葉野球の継承〟を唱えた。誠実で手堅い野球と言えばこの人が一番で、例えば、3勝3敗1分で迎えた西武との日本シリーズ第8戦（史上初）。阿南は誰もが予想したエース北別府学を使わず、予め決めていた投手ローテーションを守り抜いた。

そして古葉に次ぐ3回のリーグ優勝を果たした緒方もまた、目指すべき監督像について、雑誌インタビューでこう語っている。

「現役時代を含め、いろんな監督の下で指導を受けた。特に三村（敏之）さんは、私の恩師。身近でプレーしていて、常に勝負に徹し、選手に厳しさがあった。三村さんが理想の監督だが、私は三村さんにはなれない。自分なりにそこを目指してやっていく」

緒方監督のストイックな姿勢、選手への厳しい指導、そして勝負への執念……。それは目指す三村監督像を求め続けた結果だったように思う。目指す人が、目指された人の業績を超えるというのは、人生の喜びの一つである。

その緒方の言葉をもう少し、付け加えておきたい。

「主力と呼ばれる選手たちの頑張り、活躍は絶対だ。彼らに頑張ってもらわないと長いペナントレースは戦えない」

どのチームでも〝主力で戦う〟ことは、長いペナントレースを乗り切るために、最も基本的な思考ラインである。さらに緒方は、こう続ける。

「チームは選手だけでは成立しない。選手を指導するコーチ、コンディションを見るトレーナー、スタッフの動きをまとめるマネジャーなど、いろいろな役割を担う人たちで成り立っている。チームが組織として動くことが大切だ」

カープ一筋32年。リーグ3連覇という古葉も成しえなかった偉業を成し遂げた緒方の言葉の力は強い。チームには、組織として守るべきやり方がある。

おそらく新井監督の心のなかにも、そういう誰かの言葉が思い描かれているのではないかと思う。それが誰のどういう言葉であってもいいが、そういう人の言動を謙虚に受け止め、それを時代とともに昇華させていくというのは、監督の大切な心得の一つではないかと思う。

その後、私はあるスポーツ誌に掲載された新井のインタビュー記事を読んで、なぜかホッとした。プロ入り後で印象に残る監督は誰かと訊かれ。

「山本浩二さんとマーティ・ブラウンです」

彼は、はっきりと実名を挙げて、こう語った。

「浩二さんが私を我慢して起用し、育ててくれなかったら、いまの自分はありません。私もこれから監督として、我慢しながら選手を育てていかなければなりません。またマーティの考えは斬新でした。野球は適度の練習量で体力を温存し、試合でいかに100%の力を発揮するかのスタンスが大切です」

これら2つの教えは、いましっかりと新井の心のなかで生き続けている。

ただその一方で、認識しておかないといけないこともある。私たちファンは気安く〝日本一〟と言うが、長いカープ史のなかでそれを達成した監督は、古葉竹識（１９７９、80、84年の３回）だけである。そう、それは山本浩二も、緒方孝市も到達しえなかった〝遠いゴール〟なのである。ともかく73年の時を刻んだカープ歴代監督の功績や言葉は、かなり重い。その良いところを吸収し、継承しようとする気持ちは、殊のほか大切である。人々は、それを〝伝統〟と呼ぶ。

この伝統の話について、ヤクルトの例を付け加えておきたい。

ヤクルトというチームは旧国鉄時代なども含め、共に下位に低迷していた頃にカープと切磋琢磨してきたチームである。

これまで名将・広岡達朗が率いた時代（１９７６〜79年）もあったが、何と言っても、革命的だったのは、野村克也が率いた時代（１９９０〜98年）のヤクルトである。

そのときの〝野村の教え〟をいまでも守り続けているのが、今季リーグ３連覇に挑んでいる高津臣吾である。彼は野村監督の下で、キャンプ中に毎晩行われたミーティングでメモした「野村ノート」を、いまでも大切に使い続けている。

そういう意味で、いまのヤクルト野球は「野村ＩＤ野球」の現代版だといえる。いまさら説明するまでもないが、ＩＤ（Important Date）野球というのは、細かいデータを駆使して相手チームを倒すという人間力を含む頭脳的な戦い方のことを指す。髙津は言う。

「いまでも困ったときには、手垢で汚れた野村ノートをめくっています」

そこに書かれたメモが、したたかなヤクルト伝統の戦い方を無言で教えてくれるからである。

もちろん新井カープにも、拠って立つ伝統のカープ野球がある。それは塁間を走り回ることからはじまった。いまでもヤクルトvsカープの原点に、野村と古葉の影を感じるのは、私だけだろうか。

美しき退場

プロ野球の監督というのは、支配下登録された選手の一人ひとりをリスペクトし、彼らを守り抜くという姿勢を見せることが大切である。そのことが、ときに思いがけないドラマを生み、チームを強くすることがある。

1975年4月27日の阪神戦。0－0で迎えた8回ウラのことだった。掛布雅之に投じた佐伯和司の6球目のカーブは、誰が見ても真ん中付近に入るストライクに見えた。しかし球審はボールの判定。

この判定に、まだシーズンがはじまって14試合しか戦っていなかった初陣のG・ルーツが、両手を後ろに組んで米大リーグ流の猛抗議をした。

すぐに球審から〝退場〟が宣告されたが、ルーツはホームプレート付近で仁王立ち。退場を拒否し、一歩も動かなかった。

その7、8分後のことだった。事態収拾のためにグラウンドに降りてきた球団代表の重松良典の姿を見て、彼は短い言葉を残し、素直にベンチ裏に歩を運んだ。

「次の監督を探してくれ」

長い審判団との確執から生まれたこの不運な出来事は、その後、信じられないドラマに展開していく。ルーツの思いに感化されたナインが発奮。その後を継いだ古葉竹識がチームをまとめ、球団創設25年目にして初のリーグ優勝へと導いたのである。

因みにカープはその前年まで、3年連続で最下位の弱小チームだった。あのルーツの退場劇が、カープ史上最大のドラマを創り出したのである。

そのときから31年の刻《とき》が流れた、2006年5月7日の中日戦だった。

3回表の中日の攻撃のとき、一塁ベース上で微妙な判定があった。そのときカープの投手M・ロマノが審判に対し暴言を吐いたという。そして「退場」が宣告された。

ところがロマノは大きな声を出したように見えたものの、問題の判定を下した塁審のところには行っていない。さらに言えば、すぐに次の投球の準備に入っている。

当然、何がどういけなかったのか、そのシーズン初陣だったM・ブラウン監督が、審判に説明を求めた。しかし、どの審判からも納得できる説明がない。ブラウンはこう思ったという。

「このままでは、一生懸命プレーしている選手が浮かばれない」

このとき彼は、退場宣告を受けた選手のために、こう覚悟した。

「オレも退場になる」

こうしてあの球史に残る名シーンが生まれたのである。このとき責任審判だった谷博は、のちにこう語っている。

「ブラウンの抗議は、冷静で紳士的なものだった。ベンチ裏に下がった投手（ロマノ）をかばっているようだった」

そのときブラウン監督は、すぐ傍にいたリブジー打撃コーチにこう耳打ちした。

「次の投手は、広池（浩司）。俺は退場になるから、後を頼む」

ブラウンが一塁方向に歩み、ベース横にうずくまった。いったい何が起きるのか、当時、一塁を守っていた栗原健太のキョトンとした顔が印象に残る。

ブラウンが渾身の力で一塁ベースを引き抜いた。そしてそれを思い切り、右中間方向に放り投げた。滞空時間は、わずか1・5秒。宙に舞ったベースは、最も安全と思われる3、4メートル先の地面に、かすかな白ほこりを残してポトリと落ちた。

このとき近くにいた3人の審判が、いっせいに〝退場〟のジェスチャーをした。同時に、場内がドッと沸く。それは7分間という長い時間を待たせてしまったファンへの最高のサービス（エンターテイメント）だった。

私は、かつてこのように美しい退場シーンを見たことがない。ブラウンが誇らしげに…とまでは言わないが、堂々と、帽子をとってベンチ裏へと消えた。

この試合は、リブジー代理監督のもとで続行された。そして広池の力投、打線も11安打を放ち5－3でカープが勝った。そして試合後、記者団に囲まれたブラウン監督が「なぜベースを投げたのか」と訊かれ、淡々とこう応えた。

「他に投げるものがなかったので……」

いま監督が審判に抗議できる時間には、一定の制限が設けられている。そのルール制定のきっかけを作ったのは、あの〝ベース投げ〟の一件だった。

ブラウン監督は常に選手をかばい、そしてチームを鼓舞するために、日本球界の外国人監督として史上最多となる12回の退場を記録し、09年にカープを去った。

もう一人。あの監督でも、選手のためにと「退場処分」を受けたことがある。彼は日本球界で、知的で紳士的な言動で知られ、いつも冷静クールな男である。

それは2011年6月26日の中日戦だった。そのシーズン、初登板の中村恭平が目の覚めるような投球を見せていた。

3回ウラ。素人目にもセーフに見えた判定に、塁審がアウトのコール。ファンも驚いたが、監督2年目の野村謙二郎がベンチを飛び出した。

その抗議に、塁審がクルリと背中を向け、説明する気配もなく、話を聴くふりも見せなかった。そのとき野村の左手が、塁審の背中に触れた。瞬時に、野村の退場が宣告された。

こうなると当然、中村は奮起する。彼は6回途中まで無失点の好投を続けた。そして8回。カープは前田智徳と石井琢朗の連続タイムリーで2点を挙げ、この試合を2－0で完封勝利した。

私の視点で書けば、選手のために監督が猛抗議する姿は、理由なく美しい。選手もその姿に感じるものがあるはずである。はっきり言えば、監督が自分たちのために退場処分を受け、選手が発奮もせずに試合に敗けるようなことは、この世にあってはならないのだ。

監督の退場は、その試合に勝つということだけでなく、ときにチームの雰囲気を変え、シーズンの流れを創ったりすることもある。

あまり大っぴらには書けないが、新井監督も、シーズンに1、2度くらいは自ら退場に行くくらいの執念（侠気）を見せてほしい。つまり〝良い監督ぶり〟を見せるだけでは、選手に戦う〝気〟が伝わりにくいのだ。

そのことは百の言葉にも勝る決意と、監督としての意思表示に他ならない。もっと言えば、選手を引っ張っていくためには、そのくらいの覚悟が必要なのである。

もちろん本当に必要なのは、暴言や暴力ではなく、選手やチームのことを思う気持ちと行動である。ただ念のために書いておく。いまはリクエスト制度などが導入され、このような名シーンはほとんど見られなくなった。

〝まさか〟の日本一を

この章では、新井カープの戦力分析から、監督としての心得みたいなものまで、一人のカープ狂の徒然の思いを綴ってみた。

そろそろその思いを、分かりやすく書いておかなければならない。新井カープのリーグ優勝、そして日本一への挑戦という美しいストーリーは、現実からさほど遠いものではないような気がしている。私は、1年目よりも、2年目にその可能性を感じる。1年目でいろいろ勉強した新井監督が、2年目に花を咲かせるという流れである。

しかしその一方で、現実をもっと厳しく見る自分もいる。ただたとえそうであったとしても、新井という男には、逆境を力に変える〝まさか〟という伝家の宝刀がある。この点が、私を楽観的にさせる一番の要素である。つまり新井カープはここ2年以内に、ファンが期待するような結果を残すかもしれない。
それを願う多くのファン（市民）の声が、22年11月20日～22日の地元新聞〈広場ページ〉に特集として掲載された。そのごく一部を紹介してみたい。

「夫も私も親の影響でカープファン。生まれた息子も言うまでもなくカープが大好き。たくさんいる選手のなかで一番好きなのが新井さんだった。少々不格好でも必死に球を追う姿に心を動かされるような野球をしてほしい」（52歳 歯科衛生士）
「3連覇したときにできなかった日本一を、今度こそ果たしてほしい。私は満面の笑みの新井監督の夢を2回も見た。この夢が正夢になるよう力を込めて応援したい」（59歳 無職）
「新井さんは現役のときから〝何かやってくれる〟という独特の雰囲気を持っていた。名前がコールされると、球場が揺れるほどの盛り上がりを見せた。ファンにも選手にも信頼される新井さんが、黄金時代を復活させ、再び広島を熱くしてくれることを信じている」（15歳 中学生）
「新井監督が、背番号25を譲ってもいいと思うような長距離砲を育成してほしい。伝統の猛練習はもちろん、監督自身の経験を彼らに伝えてもらいたい」（63歳 会社員）
そして最後に紹介するのは、新井監督が就任直後に、ある県北の高校で行った講演内容を基にした寄稿だった。

「講演で〝自分はドラフト6位で、入団当時は下手くそでした〟と語り始めた。ひたむきな努力、がむしゃらな練習で〝まさか〟の連続が起きたという。〝まさか4番打者になるとは〟〝まさか監督になるとは〟と振り返り、とにかく口で言うより実践が大事だと強調された。まさに努力の人に生徒たちは元気をもらった」（65歳　教員）

おそらく広島でこの種の掲載（特集）を続けたら、毎日、選定に困るほどの寄稿が集まるものと思われる。

それほど広島の街は、人々のカープに対する思いで溢れている。そしてこれらの寄稿には、他の地域の人では感じえない多くの示唆が含まれている。

〝不格好でも必死に球を追う姿〟というのは、被爆地から懸命に立ち上がっていく広島市民の姿と重なる。そして〝日本一〟というのは、その信じられないような苦難のプロセスを克服した証（ゴール）になるのである。

これらの寄稿の表現をヒントにさせてもらうなら、近々のある日の新聞見出しはこうなる。

「新井カープ〝まさか〟の日本一！」

それぞれのファンの心のなかに、〝カープ日本一〟のシナリオが、それぞれの思いで描かれている。それが広島という街なのである。ここ2年以内に、それが単なる〝夢〟ではなく〝正夢〟になることを信じている。

第八章　私の監督論

２０１７年2月のことだった。私は、ある会合の席上（食事会）で松井一實・広島市長の隣に座らせてもらった。どちらからともなく、カープの話になった。そのとき松井市長がしみじみと語っておられたことがある。

「カープからの寄付金は、本当に助かるんですよね」

その寄付金というのは、前年に前田健太（現ツインズ）が、カープの日本人選手で初めてポスティング制度を使って米ドジャースに移籍したときの譲渡金の一部だった。

さらに22年12月。カープ球団は、広島市などの5市に計5億7千万円を寄付した。コロナ禍のため、球団経営が赤字に陥っていたにも関わらず、何も変わらなかった球団の姿勢に多くの人がある種の感銘を受けた。

この原資は、22年シーズンに同じポスティング制度を活用し、米大リーグのカブスに移籍した鈴木誠也の譲渡金である。松田元オーナーはこう語った。

「いつもお世話になっているので、鈴木で入ってきたお金を寄付するのは当然のこと。それぞれ自治体で有効に使ってもらいたい」

そのときの寄付先（金額）は、マツダスタジアムのある広島市に3億3千万円、キャンプ地の日南市と沖縄市に各1億円、それに女子野球の活動に力を入れている三次、廿日市の両市に各2千万円だった。

このことについて、かつて巨人の最高顧問だった渡辺恒雄氏が17年に発言した言葉が、いまでも私の頭のなかに残っている。

「広島市に億単位の寄付をしたというのはすごいことだね。ジャイアンツが東京都に寄付しろと言われても、断る」

それは決して「巨人にはそういう余裕がない」という意味ではない。地域に密着し、ファン（市民）とともに歩むカープ球団のやり方（方針）は、ときの経営状態を超越して揺るがなかったのである。

あれから7年が経過したいま、ツインズの前田健太はこう語っている。

「9年間いた広島を離れて分かったことですが、街全体が一つのチームを応援するようなところは他に見当たりません。アメリカでも大きな枠で、それぞれファンがいるのですが、街が一つの球団の色で染まるようなことはないように思います」

そしてこう続ける。

「当時、それが当たり前だと思っていたんですが、こちらに来て、そのことを知って、改めてカープの選手は幸せだと思うようになりました。いまになって〝俺はすごいところにいたんだ〟と思っています」

そう言えば〝当たり前のことではなかった〟という発言は、いつかどこかで聞いたことがある。

そう、それは2015年に大リーグからカープに還ってきたときの黒田博樹の言葉である。

「アメリカで応援してもらうことは、当たり前のことではなかった。広島の街には自分を待ってくれているファンがいる」

カープのようなチームとそのファンは、国内外を問わず、どこにも存在しないのだ。その球団の監督というのは、やはり他球団の監督とは、どこか一線を画すようなところがある。

それは、単に市民が納得する成績を残すということだけではなく、ファン（市民）と共に戦い、地域とどう関わって、どう共存していくのかということに繋がっている。

カープの監督像

一般論として、プロ野球の監督に求められる能力については、次に書く4つの視点（条件）が柱になると考えられる。

もちろん第1章で書いた「信念はいらない。命を救え」（ともかく勝つ）というような心念も大切だが、さらにその上位概念として〝在るべき監督の条件〟について客観的に考えておくことも、ムダではない。その条件というのは……。

①チームを勝利に導く戦略・戦術、采配力

②戦いながら、選手を育てる力

③ファンを楽しませるエンターテイメント力
④チームのマネジメント（運営・管理）能力
まず誰が考えても、一番大切なのは、①チームを勝利に導く戦略・戦術、采配力ではないかと思う。この点、新井は主力選手としての体験が長く、その後の4年間もプロ野球解説者として外から野球を観る機会を得て、その間の発言も理にかなったものが多かったので、かなり期待が持てる。

次に大切なのは、②戦いながら選手を育てるという能力である。

この能力を発揮するためには、長期思考をベースにした野球理論、公平性などが求められる。この際、個人的な感情によって采配に濃淡（偏り）が生まれたりするのは、論外なのである。例えば、ときには非情とも思える采配も必要になる。

まだ一シーズン目の新井の場合は、この点は未知数と言わざるを得ない。この能力は、特に事態が悪くなったときに表面化すると考えられるからである。

次は、③ファンを楽しませる能力である。この点は、新井の得意分野であり、12球団の監督のなかでも上位に位置づけられる。

そして④チームのマネジメント（運営・管理）能力ということになるが、これもクレバーな彼に、さほどの問題は感じない。そう、学校で言えば、学級委員に求められる力である。

他の球団の監督なら、このくらいの考察で十分かもしれない。しかし新井の場合は、前述のように、世界で例のない意味をもつ球団の監督である。しかも自身の生い立ちや巡り合わせが、そういう環境（空気）のなかにあった。そこにカープ特有の〝監督の姿〟がうっすらと浮き彫りにされている。

そして同時に思うのは、あのとき阪神に移籍した一人の選手を、単なるブーイングで終わらせることなく、このチームの監督にまで押し上げた広島の〝街の力〟も凄い。

次に書くのは、その球団の時のオーナーの深い考えを、思いもよらない形で昇華させた2人の監督の物語である。

古葉と上田

若い読者にとっては遠い昔話になるが、カープ史のなかで群を抜いて高い評価を受ける監督は、1975～85年の11年間チームを率いた古葉竹識だった。

その間、リーグ優勝4回、日本一3回。おそらくこれから先、誰が監督になっても、容易に追い越せるような領域ではない。

その古葉が、目標にしたというか、ライバルと考えていた監督がパリーグにいた。それは古葉がカープに入団した翌年（1959年）に、同じチームに入ってきた上田利治だった。2人は同学年だが、年齢は上田の方が1歳若い。

上田は捕手としてカープに入団したものの、1軍ではほとんど実績を残していない。しかし野球に対する考え方、取り組み姿勢、行動などが、並みの選手を超えていた。

その上田に目を付けたのは、当時の松田恒次オーナー（元《はじめ》の祖父）だった。

「上田をコーチにして、若手を指導させてみたい」

上田は、当時、史上最年少（25歳）でコーチを兼任することになった。ここから上田の指導者としての物語がはじまった。

コーチとしての評価を高めた上田は、1974年に、なんと37歳の若さで阪急（現オリックス）の監督に抜擢された。37歳と言えば、いまの松山竜平と同じ年齢で、新井監督の就任時と比べても8歳若い。

その1年目。パ・リーグはまだ2シーズン制だった。上田阪急は前期1位になったものの、後期1位のロッテに敗れ、初陣でのリーグ優勝は逃した。

しかし就任2年目の75年にリーグ優勝を果たすと、そこから78年までリーグ4連覇。さらに77年まで3年連続で日本一を成し遂げた。

上田はチームがリーグ優勝し、日本一になるためにはどうしたらいいのか、長・中期戦略を立て、それを果敢に実践に移した。抑えの切り札・山口高志、走る野球の先鋒・福本豊などは、その申し子たちである。

そして、もうお気付きだと思う。このとき最大のライバルチームになったのが、同じ釜の飯を食った古葉率いるカープだったのである。

その頃の流れを球史で分析してみると、77年までは上田>古葉、78年からは古葉>上田の構図が、はっきりと見て取れる。

そこには、共に負けまいとする凄まじい水面下での駆け引きがあった。

1975年。球団創設25年目にして初めてリーグ優勝を果たしたカープは、阪急と日本シリーズを戦った。しかし0勝4敗2分けで惨敗。しばらく常勝・阪急の時代が続いたが、古葉はこう考えていた。

「阪急とカープのチーム力の差はない」

ただ一つだけ決定的な差があったとすれば、阪急には絶対的な抑え(山口高志)がいた。しかしカープには、そういう投手がいなかった。そこで古葉が動く。彼は、自身がコーチ時代に世話になった南海(現ソフトバンク)の野村克也監督に電話を入れた。

「江夏を譲ってほしい」

人間というのは、のべつ幕なくお願いをしても、なかなか成就するものではない。しかし〝一生に一度〟ということになると、話は別で、意外とすんなり叶えられることがある。

このときの江夏の加入によって、投手を抑えまで順番に繋いでいくという、現在に至るカープ野球がはじまったといってもよい。

そして古葉が打ったもう一つの手は、阪急の盗塁男・福本豊に負けないような走力をもつ内野手を自前で育て上げることだった。

彼は、コーチ陣の反対を押し切り、ほとんどその名前が知られていなかった外野手の高橋慶彦を「1番・ショート」に抜擢した。しかも、不器用だった彼をスイッチヒッターに仕立てて…である。その高橋は、のちに〝走るカープ野球〟の象徴になった。

彼の鍛え抜かれた肉体のしなやかさ。塁間を走るスピード感。球ぎわで鋭さを増す攻撃的な守備。その野球少年のようなプレースタイルが、あっという間に全国のプロ野球ファンを魅了することになった。

カープの第1期黄金時代は、ライバル・上田をベンチマークにして、それを上回るような手を次々に打った古葉のしぶとい戦略をヌキにしては語れない。

こうしてみると、プロ野球の監督たるもの、持つべきは目標とするライバルである。そして、その壁は高いほどよい。なぜなら、その壁を超えるために常識を超える発想が生まれてくるからである。

〝古葉に学べ〟というか、私が少しだけ新井監督に求めたいのは、そういう長・中期戦略をベースにした、広い視野としたたかな姿勢である。

新井と高津、岡田

いま新井が特に意識すべきライバルチームが2つあるような気がする。一つは、リーグ3連覇を目指す高津ヤクルト、もう一つは、彼が選手として世話になった岡田阪神である。

もちろん全チームがライバルなのだが、ヤクルトと阪神には、それぞれ消しても消せない過去の物語がある。その物語を、心の原動力として活用しない手はないと思う。

22年の晩秋。地元の広島工高の傍に2枚の横断幕が掲げられた。

「祝 野球殿堂入り 東京ヤクルトスワローズ 高津臣吾監督」

「祝 就任 カープ 新井貴浩監督」

この2枚の横断幕が、セリーグの2つのチームの競争を煽っているように見えたのは、私だけだっただろうか。

実は出身校が同じで、同時期にプロ野球の監督を務めたのは、1950〜53年のカープの石本秀一と、南海（現ソフトバンク）の鶴岡一人の例があるだけである。彼らは、いずれも広島商出身だった。

新井は就任会見のとき、記者から「髙津監督は新井監督にとって、どういう存在ですか」と訊かれ、こう答えた。

「髙津さんは連覇を達成されていますし、ヤクルトは若手とベテラン、外国人のバランスがとれた良いチームです。そこにどう立ち向かっていくのか、今から考えます」

その対策について公開する必要はないと思うが、おそらくヤクルトはカープにとって、最も手ごわいチームの一つになると思う。

私見にすぎないが、髙津流に進化したID野球に対し、新井流の情熱あふれる〝がむしゃら野球〟は十分に対抗できるのではないか。そういう意味で、偉大な先輩に立ち向かう心の持ち方というのは、殊のほか大切になる。


阪神の岡田彰布監督は、新井が阪神へ移籍したときの監督だった。岡田は長く常勝・星野仙一監督の下でコーチを務め、帝王学を学んだ。

23年シーズンについて、岡田はこう語る。

「2005年に優勝してから、まさか優勝できないとは思っていなかった。打つことはあまり期待していない。大事なところでエラーをしない守りの野球を目指す。打つ方は、大山（悠輔）と佐藤（輝明）を不動のクリーンアップにする。彼らが引っ張っていかないと……。2人は全試合で代えないし、代走も出さない」

実のところ、岡田阪神は十分に恐い。岡田監督があまり口にしない投手力が充実しているからである。さらに新井自身が、阪神から2人のコーチを引っ張ってきたという事情もあるので、古巣チームに対し、並みでない覚悟を持って臨む必要がある。

もちろん新井カープは、原巨人、三浦ＤｅＮＡ、立浪中日とも激闘しなければならない。さらに交流戦ではパ・リーグ6球団も絡んでくる。

大切なのは、それぞれのチームとそれぞれの物語を創って、意識を高めていくことである。その例が「先輩に負けない」「古巣に負けない」といった強い気持ちであり、この種の意識の高さが、長いペナントレースを左右することになる。

私たちは、まだ〝耐えて勝つ〟を忘れていない。人間というのはいつも、これまで積み重ねてきた長い歴史の先端にいるのだ。同期の上田に負けまいとして、その結果としてカープ黄金時代を築いた古葉の心の持ち方は、カープの監督に就いた人たちにとって〝銅像モノ〟であろう。

ある阪神ファンの見方

私の15年来の友人に、熱心な阪神ファンがいる。彼は、東京の大手出版会社で週刊誌の編集長を務めていた真のプロの記者である。

その彼に新井の監督就任について、感想を求めてみた。

「そもそもカープには、ＦＡで出ていった選手を受け入れるような体質はなかった。だから阪神から出戻り、カープで引退したということ自体に驚いた。新井の人徳のなせるわざかもしれないが、球団オーナーが新井を可愛がっていたこともあり、監督就任はそうした土壌があってのことだったと思う」

その上で、こう付け加える。

「阪神で４番を打ったとはいえ、金本ほどのカリスマ性はなかった。ケガで何度も離脱し、チャンスに弱い面もあったので、阪神からの要請はなかったと思う。彼に子分体質、二番手気質が染み付いている場合には、自身の内部改革が必要だと思う」

確かに、当時の金本に付いていく姿勢。そして、いまの黒田をひたすら崇める姿勢は、自身の独自性を弱める可能性も秘める。

さらに阪神ファンから見た、新井監督の能力像について訊いてみた。

「正直なところ、どんな野球をするのか分からない。かつてのノムさん（野村克也）や岡田（彰布）のような〝頭脳〟と〝駆け引き〟と〝意外性〟とは逆方向のような気がする。解説者時代に選手を肯定的に捉え、悪いことをほとんど言わなかったのも、仕事でそうしたようなスタンスが感じられた。あまり策士的な理論を感じることもなかったし、〝新井の野球理論〟のようなものを聞いたり、新聞・雑誌などで読んだりしたこともない」

これを競争チームのファンのコメントとして聞いてみたとしても、カープファンとは相当かけ離れた見方である。

さらにその辺りをどうしたらいいのか訊いてみると、こうだった。

「新井とは性格が真反対のベテランコーチを近くに置くと、相手チームにとって不気味な存在になる。例えば、高信二（2軍監督）。彼は監督より先に激高し、緒方（孝市）が自分より怒っている高を見て、叱るに叱れなかったという逸話が残っているくらいだ」

彼は新井の素直な性格にも、懸念を示す。

「阪神時代の新井は、いやらしい打撃は少なく、ただ素直に打ちにいっていた。だから同じ状況、同じ変化球で何度もやられたという記憶がある。彼が正統派で〝いい野球〟をやってくれれば、阪神としては助かる」

やや皮肉っぽい言い回しだったが、ただ最後はポジティブな言葉で締めくくってくれた。

「監督の威厳を前面に出すことなく、監督と選手の垣根を低くして、もしかしたらかつてのベイスターズのような、カープにあるまじき〝アライ流のびのび野球〟で躍動する可能性はある」

なーんだ、彼もよく分かっているではないか。心配性のカープファンに告ぐ。私たちは、彼の最後の言葉だけを信じておけばよい。

さらにもう一人。野球好きの東京の友人（元会社役員）に、いまの新井監督の姿勢について厳しい見方をする人がいる。

「プロ野球というのは、みんなから愛される〝良い監督〟ということで勝ち進むことはできない。ときに厳しく、ときに憎まれ、意図して〝悪い監督〟を演じるようでなければ、長く監督業を務めることはできない」

監督への評価というのは、いろいろな意見があった方が楽しいが、これは明らかに新井カープが目指す方向（家族）とは真逆である。こんなときは、大変申し訳ないが、笑って聞き流すという処世術の他には手がない。

新井をぶっつぶす

新井監督について、新聞、雑誌、テレビなどで、各方面の関係者のコメントが数多く紹介されるようになった。その一部に、興味深いものがあった。

まず一緒に戦う選手の一人で、23年シーズンに捕手として坂倉将吾の挑戦を受ける會澤翼の話である。彼は、現在のプロ野球選手会長である。

「びっくりした。新井さんが引退したとき、また一緒に同じユニフォームで…と思ったが、まさか自分が現役中に叶うとは思っていなかった」

そして、新井監督の人物像について。

「学ぶところが本当にたくさんあった。特にプレー以外の普段の行動などが、いまの會澤を創ってくれたと言ってもよい。僕が護摩行に行くようになったのも、新井さんの姿を見てからだった。いつも〝ああいう人になりたい〟と思っている」

実は、坂倉が捕手専任を目指すことについても、予め新井監督から直々に電話があって激励を受けたという。會澤はこう言う。

「新井さんの行動には必ず意味がある。お前もしっかりやれと、ケツを叩いてもらった」

22年シーズンの會澤は79試合に先発出場し、打率2割7厘、3本塁打。気が付いてみると、すぐ後ろに伸び盛りの坂倉が迫っていた。正直に言って、彼がこれから正捕手の座を守っていくのは並大抵のことではない。

しかし23年シーズンについて、會澤はクールだった。

「カープがどういう風になっていくのか、僕も楽しみ。新井監督にしか出せない色があると思う。気持ちを新たにして、またみんなで強いカープを作っていきたい」

そしてもう一人。一時期に新井と共にカープ時代を過ごした水本勝己（オリックスヘッドコーチ）の話である。

「後輩の行動、言葉から学ぶことがあることを知った。04年シーズンの終了後、新井がブルペン捕手だった私に〝投げてもらえませんか〟と言ってきた。（山本）浩二さんが4番に抜擢したのに全然打てなかったからだったと思う」

そこからホームゲームの毎試合、旧広島市民球場の三塁側ブルペンで特打をやろうということになった。水本はこう明かす。

「全体練習がはじまる前に、1時間以上打ち込むこともあれば、10分で終わることもあった。体もメンタルも本当にきつかった。ナイター明けのデーゲームも夏場も一日も休まなかった。そこに、新井のすごさがあった」

この特打をはじめた05年に新井は、43本塁打を放った。そして彼は、はじめて本塁打王のタイトルを獲得した。水本は言う。

「そこからはトントン拍子。それでもオフに阪神に移籍する07年まで、特打は続けた。そこで学んだのが〝継続は大事だ〟ということだった」

ただ水本の話は、ここで終わるわけにはいかなかった。なぜならこれから敵として、交流戦で戦うことになるからである。もちろん日本シリーズでの対戦もありえる。

「新井の味を出して頑張ってもらいたいと願うが、楽しみなんか一切ない。感傷に浸っている暇はないのだ。一試合一試合の勝負事。やるときはやっつける。ただぶっつぶすためにやるだけだ」

新時代の監督

23年シーズン、日本のプロ野球界に4人の新監督が誕生した。カープの新井貴浩以外では、監督として優勝経験のある阪神の岡田彰布（再任）。理論派で知られるロッテの吉井理人、それにヘッドコーチから昇格した西武の松井稼頭央（いずれも新任）である。

この顔ぶれを見ると、見事に4つの個性に分かれている。それぞれ自分の世界を持ち、他者と共通するところが少ない。

さらに留任している他チームの監督のなかにも、新庄剛志（日ハム）、石井一久（楽天）など、まるで個性の塊のような人がいる。これらの顔ぶりから〝プロ野球界に新時代が来た〟という人もいる。そんななか新井は、いったいどんな監督として評価されるのだろうか。

監督としての深い考えを知るうえで、23年初と22年末に放映された彼への単独インタビューやTVビッグ対談のなかにいくつかのヒントがあった。

一つは年初に、テレ朝系の地元TV番組で前田智徳（プロ野球解説者）のインタビューを受けたときの話である。そこまで期待する選手について具体名で語らなかった新井が、前田の巧みな誘導（話術）に乗ってしまいそうになった。新井が頭のなかにうっすらと描いている開幕スタメンを訊かれ、うっかりその名前を口にする直前だった。

おそらくこのままだと、まずい流れになる。そう察知した前田が、話を割る。

「そりゃ、言えないですよね。だったら、私の方から言ってみますよ」

この場面は、前田の機転に救われたと言ってもよい。もちろん新任の監督が、特別な深い意図がない限り、そのようなタイミングで易々と自分が頭のなかに描く開幕スタメンを公にしてはいけない。

なぜなら春季キャンプ前に、選手たちにあらぬ先入観を与え、他球団にも思いを読まれてしまうからである。全員に良い競争をしてもらうためには、直前まで伏せておくのが常道である。

もう一つは、年末に放映された日テレ系の地元ＴＶ番組だった。いずれも監督経験のある山本浩二、野村謙二郎との三者対談だった。山本が訊く。

「４番はどう考えているの？」

すると、新井がその真意をあまり深く考えることなく、すぐに答えた。

「いまのところマクブルームがいい。彼はチーム打撃ができるし、チャンスにも強い」

これに対し、野村がすぐに反応し、微妙な意味の違いを暗に指摘した。

「僕は、できれば戦いながら、日本人の４番を育ててほしいのだが……」

もちろんそのとき山本も、野村と同じ思いを語った。しかし新井が話のスジを外したまま、司会者が次の話題に移った。

もしあのとき、新井がわざと話題をはぐらかしたのなら、それは評価に値する。しかし本当に無頓着だったとしたら、少々寂しく思う。

もちろんこの流れのなかで語られるべき4番というのは、当面、誰かでしのぐというような話ではない。2～3年くらいをかけて、自身のときがそうであったように、目を掛けた選手を鍛え上げ、ある程度の時間をかけて、我慢しながら育てていくという話である。

これらの発言を振り返ってみると、その頃、新井の監督像がぼんやりと見えてきた。前田のインタビューでは、新井の「人の好さ」が出そうになったし、山本、野村との対談では、彼の「長い目より、目の前の現実」という考え方が感じ取れた。

ただ今になって考えてみると、22年末時点では、まだ新井の視野は十分に広がっていなかったのではないか。そのため恩師や先輩に向かって語れるようなネタがなかったのである。しかし現場を体験するプロセスにおいて、彼は入団2年目の若い打者（田村俊介）を自分の目で確かめ、肌で感じて1軍に抜擢した。

そして田村の育成物語はカープファンも含め、公開ドラマのようにして進行していった。実のところ、これがすぐに成功するかどうかは、あまり問題ではない。大切なのは、そういう選手を発掘し育成していくという揺るがない指揮官の信念である。

その後、1軍の公式戦で代打と守備を体験した田村は、いま2軍で実戦を積み重ねている。新井監督がこの物語をどう描いていくのか。それは彼の試金石でもある。

9つの公約

23年元旦。中国新聞の特集号に「新井さんの9つの公約」が掲載された。

その9つとは、①好き嫌いの起用をなくす ②投手の球数制限 ③あっと驚く選手起用 ④褒めて伸ばす ⑤けが情報の一部開示 ⑥機動力野球の復活 ⑦猛練習とリラックス ⑧チームは家族 ⑨全ては勝利のために、だった。

新聞社が、新井監督への折り折りのインタビューを基にして、箇条書きにまとめたものだと思われるが、凡そ私がこれまで書いてきたことと一致していた。

しかし考えてみると、いずれの項目も〝言うに易く行うに難い〟。またこれらをいっぺんにやろうとすると、どこかにムリが出る。例えば②と⑨は微妙に矛盾するし、③と⑨も相容れないようなところがある。また①と③は、真反対のことに近い。

つまり彼の性格からすると、こういうことをいちいち考えていては、長いシーズンは乗り切れないような気もする。連敗が続き、どうしても勝てないようなときもある。ケガ人が続出するときもある。そんなときは、いったん①〜⑨を思い出すのではなく、全部忘れる勇気を持つことも大切なのではないか。

そこで余計なお世話だと思うが、長い目でみたときの、筆者からの進言みたいなものを記しておきたい。もちろん彼の性格をベースにして…の話である。

「アライさん、どんなときでも〝やんちゃ〟でいい。丸くなるな！」

その心を説明すると、結果というのは、あとからついてくるものである。いま大切なことは、勝つにしても負けるにしても、新井という野球人の生きざまのすべてを出し切ることである。そのことによってはじめて、人々の心に響くような美しいドラマが生まれてくる可能性が出てくるのだ。

私はむしろ〝思い切り尖ったアライさん〟を見てみたい。そう、19年前のあのとき（ドタキャン）のように……。また、阪神から戻ってきたあのときのように……。

さらに蛇足である。この章の最後に、新井監督が心得るべき各スポーツ界のレジェンドたちの名言を記しておきたい。

まずシニアになってからも、輝き続けたプロゴルファーの杉原輝雄の言葉である。

「その日の調子が良かろうが悪かろうが、目の前にある一打を懸命に打たなければならない。常にベストを尽くす人が一流」

冒険家の三浦雄一郎の言葉である。

「リーダーはいつも希望の旗印を掲げていないといけない。これを降ろしてしまったら、誰もついてこなくなる。頂上に行くまで夢を捨てないことだ」

サッカーの元日本代表監督の岡田武史の言葉である。

「運というのは、いつでもどこにでも流れていて、それを掴むか掴み損ねるかだ。勝負の結果は、誰にも分からない。必死になってやっていたら、最後は神さまがご褒美をくれるものだ」

そして大相撲の元横綱・白鵬翔の言葉である。

「勝負に〝たまたま〟ということはない。稽古は本場所のごとく、本場所は稽古のごとく。そのうちに地位が人を創ってくれる」

これらはみな、これからカープのために戦っていく新井監督に贈る言葉である。

大きな夢を持てば、大きな努力が必要になる。その努力に勝る天才なし。そこから、偉大な監督が生まれてくるのだ。

果たして新井貴浩という男は、第21代監督として、カープ史の1ページにどのような言葉で記録されることになるのだろうか。

エピローグ

最近、これほど日本人の心を躍らせたイベントが他にあっただろうか。第5回WBCで日本に凱旋した大谷翔平（エンゼルス）が、投げては164キロの快速球。打っては東京ドームの自身の看板を直撃する136メートル超の特大ホームラン。どこから見てもホンモノの二刀流だった。大谷はアメリカとの決勝戦でクローザーとしても登板し、まるで劇画のような夢のドラマ（世界一）を完成させ、大会MVPに輝いた。

そして、皆の兄貴みたいにメンバーに接したダルビッシュ有（パドレス）の献身的な姿。突如として、日本のファンの前に現れたラーズ・ヌートバー（カージナルス）のド派手なパフォーマンス。それぞれ強烈な個性で、日本人の心をワシ掴みにした。

一方、1次ラウンドで不振を極めた村上宗隆（ヤクルト）は、ようやく後半に入って本領を発揮しはじめた。メキシコとの準決勝の9回ウラ。彼のセンターのフェンス直撃の逆転サヨナラ二塁打に涙したファンも多くいた。

さらに令和の怪物・佐々木朗希（ロッテ）、日本のエース・山本由伸（オリックス）の投球も圧巻だったし、泰然と巧打を放ち続けた吉田正尚（レッドソックス）のシュアな打撃も印象に残る。

カープファンとして残念だったのは、大会前にわき腹を痛め「悔しい」と涙を見せた鈴木誠也(カブス)。そして初戦のブルペンで腰を痛め、日本の守護神として1球も投げられなかった栗林良吏。ただベンチに掲げられた彼らのユニフォームを見たとき、なぜかホッとする自分もいた。そう、この大会では、誰一人として存在感のない人はいなかったのである。

私は思う。野球は、団体競技だと言われるが、実は違う。このスポーツは、全体にボールを回しながら戦うサッカーやバレーボールとは、本質を異にしている。言ってみれば、1対1の勝負を重ねていって、結果として団体で決着をつける競技である。WBCは、そのことが最も顕著に感じられた大会だった。

もちろん全員の力を結集して世界一を勝ち取ったチームの姿も感動的だったが、宝石のように輝いた選手一人ひとりの〝個の力〟は、永く球史で語られることになるだろう。

この大会に誘われるようにして開幕した日本のペナントレースは、これからシーズンの佳境に入るが、どこかWBCの余韻を引きずっているようなところもある。

そう、チームの勝ち負けも大切だが、監督や選手一人ひとりが発するメッセージ性がファンの心を掴むのだ。いまカープでは、個性ある選手たちを凌駕するような形で、監督の強烈な個性が前面に出るようになった。スポーツというのは、それを演じる人たちによって、何色にも変わっていく。そして、いつも混沌とした人間社会をパッと明るくしてくれる。

23年1~3月のこと。多数の全国メディアで、恒例のシーズン前のペナント予想が掲載された。そのなかでカープは、決して本命や対抗に挙げられなかったものの、一部のメディアで〝台風の目〟という表現が使われた。確かにカープは、本命、対抗、ダークホースといった〝ありきたりの位置〟に入らない。つまり、何が起きるのか分からないのである。優勝もあるかもしれないが、最下位もある。それが〝台風の目〟という表現になったのだと思う。

その根源的な訳を探ってみると、その芯に新井という男の説明のつきにくい人格があったように思う。そのため、それがどんな局面であっても、彼の存在（行動）が無視できないのである。つまり監督の人格そのものが〝台風の目〟であり、ペナントレースの流れに、彼の人間としての特色（面白さ）が深く関わってくるのだ。彼の過去には、野球よりも人格の方に注目が集まることもあった。

あのときなぜ新井は、カープファンの声を無下にして阪神へ移籍したのだろうか。あのときなぜカープに戻ってきた新井が、史上最年長でMVPを獲得できたのだろうか。

彼の行動とその結果は、予測しにくい軌跡を描く。ただこれら多くの〝なぜ〟に対する答えの根底に、共通に横たわっていたものがあったような気がする。それを一口で表現するならば、「逆境の美学」ではなかったかと思う。

そう、彼は逆境になると、人々の予想をはるかに超える力を発揮する。それは並みのものではなく、まるで上等のフィクションドラマを観るように、見事な起承転結の筋書きを描く。

そういう軌跡を描くためにも、彼は監督として一度ドン底を経験した方がよいのかもしれない。

見どころになるのは、そこからの怒涛の巻き返しである。

思うに、広島は、世界で例をみない逆境（廃墟）から立ち上がってきた街である。その〝逆境のヒロシマ〟で生を受け、周囲に励まされながら育った新井は、その写し鏡であり、まさしく現代版の「はだしのゲン」だったのである。

信じられない試練に立ち向かった街の姿。そのなかで逞しく生きようとする人間の姿。そこに、われら人間が最も大切にすべき美学がある。

そういう生い立ちのせいで、新井という男は、人の心の変化に敏感に反応する。そして、どんなタイプの人間に対しても、接し方が巧みである。お互いの好き嫌いは別にして、そこには圧倒的な人間力や包容力がある。

この男と一緒に戦えるなら、もう結末はどうでもよいのではないか…と思うこともある。しかし、それでも一人のカープファンとして叫び続けなければならない。

「カープに日本一を！」

そろそろペンを置くときがきた。心のなかをスッキリさせるため、正直な反省も記しておきたい。

思うに、たとえ選手（監督）と一ファンの関係であったとしても、心ある人間なら、過去の辛い話などは〝ノーサイド〟にしなければならなかった。しかし文中で〝これでもか〟というくらい辛辣の表現を使った自覚がある。この点は本人はもちろん、球団関係者、無垢で熱狂的な新井ファンにも申し訳なく思う。

そしてもう一つ。それぞれ語り尽くせないほどの因果を経て、カープのためにがんばってくれている外国人選手たち。人とは異なる個性・能力を持って日夜、練習に明け暮れている多くの若い選手たち。彼らのことを十分に紹介するページを作れなかった。この点は、別の機会に譲ることにしたい。

私の新井に関する著書は、このたびで3冊目になった。なに故に、それほどの因縁があったのだろうか。もちろん一人の打者・監督としての新井に、並みでない関心を寄せたせいもあった。しかし、それだけではなかなか説明のつかないようなところもある。

そこには確たる筋道は描けないものの、目に見えない人の繋がり（赤い糸）のようなものがあったような気もしている。

何を隠そう。あのとき新井を鍛え上げた大下剛史は、家内の叔母（義理）の実弟である。大下はその後、プロ野球解説者を経て、地元（海田町）で少年野球の指導などを通して地域社会に貢献している。彼の本当の姿は〝鬼軍曹〟ではなく、野球をこよなく愛する、お洒落で優しいジェントルマンである。

また新井の恩師・山本浩二は、私が中学生のときに共に野球を志した同級生であり、さらにあのドタキャンになった取材の手配を手伝ってくれたのは、かつて私と同じ職場で働いていた現オーナーの松田元である。いま思うに、それらすべてのことが何物にも代えがたい、なつかしい珠玉の思い出である。

今回もまた多くの箇所で取材不足による認識のズレ、舌足らずな表現が多々あったと思う。この点は、筆者の不徳の致すところとして、平にお許し頂きたい。

そして今回もカープ本の執筆にあたり、多くの方に話を聴かせてもらった。幸いにして、新井の話になると、みな目を輝かせて語ってくれた。皆さんのご協力に心から感謝したい。

そして最後に、このたびもまた、カープ本上梓の機会を与えて下さった南々社の西元俊典さんと編集担当の米金愛起さんに特大のお礼の言葉を贈りたい。

永遠のカープファン　迫　勝則

＊文中に記載した選手の所属、年齢、成績、数値などは2023年4月16日時点のものです。

〈参考にした文献〉

『人間 山本浩二』山本浩二（交通タイムス社）
『阪神の四番』新井貴浩（PHP新書）
『新井貴浩物語 がむしゃらに前へ』中野慶 作（南々社）
『1日1話、読めば心が熱くなる365人の仕事の教科書』藤尾秀昭 監（致知出版社）
『広島アスリートマガジン』（サンフィールド）
『中国新聞・SELECT』（中国新聞社）

〈参考にした自著〉

『主砲論 なぜ新井を応援するのか』（徳間書店）
『カープを蘇らせた男』（宝島社）
『森下に惚れる』（南々社）

ブックデザイン　スタジオ ギブ
本 文 Ｄ Ｔ Ｐ　大原 剛　角屋 克博

Profile

迫 勝則（さこ かつのり）

1946年広島市生まれ。作家。山口大学経済学部卒。

2001年マツダ（株）退社後、広島国際学院大学・現代社会学部長（教授）、同学校法人理事。14年間、広島テレビ、中国放送でコメンテーターを務める。現在も執筆、講演などを続ける。

主な著書に『広島にカープはいらないのか』『森下に惚れる』（いずれも南々社）、『前田の美学』『黒田博樹 1球の重み』（いずれも宝島社）、『主砲論』（徳間書店）、『マツダ最強論』（溪水社）など。

逆境の美学
——新井カープ“まさか”の日本一へ！

2023年5月30日　初版第1刷発行

著　　者　迫 勝則
発 行 者　西元 俊典
発 行 所　有限会社 南々社
　〒732-0048　広島市東区山根町27-2
　TEL 082-261-8243　FAX 082-261-8647
印刷製本所　株式会社 シナノ パブリッシング プレス

ISBN978-4-86489-159-2